দ্রোহ দেহলিজ

তৃতীয় অধ্যায়

সম্পাদনাঃ

পীযূষকান্তি বিশ্বাস

প্রথম প্রকাশ, ২১ শে অক্টোবর , ২০২৪

দ্রোহ দেহলিজ- তৃতীয় অধ্যায়

DROHO DEHLIJ TRITIYA ADHYAYA

A Collection of Poem, Story, Prose

from

Online Magazine DEHLIJ

দূরাভাষঃ +৯১-৯৯৯৯৪৩২৫১৬,+৯১-৯৮৭১৬০৩৯৩০

প্রচ্ছদ *(Cover)*ঃ রঞ্জন কল

ব্যাক কভার *(BackCover)*ঃ সুমন কবিরাজ

অক্ষর বিন্যাসঃ

বিউটি বিশ্বাস

এইচ ৪ / ৭ বি, মহাবীর এনক্লেভ

নতুন দিল্লি-১১০০৪৫

প্রকাশকঃ

বিউটি বিশ্বাস

দূরাভাষঃ +৯১ ৯৯৯৯৪৩২৫১৬

বি ১, এইচ ৩ /৮১ , বাঙ্গালি কলোনী, মহাবীর এনক্লেভ, নিউ দিল্লি

ইপত্রিকা প্রকাশনী , মাইক্রোসফট ওয়ার্ড পিডিএফ প্রিন্টিং দ্বারা মুদ্রিত

উৎসর্গঃ

তিলোত্তমা
ও
সেই সব প্রতিবাদী মুখ

সূচীপত্র

সম্পাদকীয়

আর জি কর হাসপাতালের ট্রেইনি ডাক্তারের নৃশংস ধর্ষণ ও হত্যার প্রতিবাদে পশ্চিমবঙ্গ জুড়ে জনপ্রদর্শন চলছে। মানুষ রাস্তায় নেমে এসেছে। "উই ডিম্যান্ড জাস্টিস"। শুভবুদ্ধি সম্পন্ন মানুষ, পশ্চিমবঙ্গের বাইরেও নানা প্রদেশে, বিদেশে প্রদর্শন করছেন। "উই ওয়ান্ট জাস্টিস"। শিল্পী মানুষ, সাধারণ মানুষ ঘর থেকে বেরিয়ে এই নারকীয় ঘটনায় তৎসহ প্রমাণ লোপাটের প্রচেষ্টা ও প্রশাসনের জড়িয়ে থাকার আভাস পাচ্ছেন মানুষ। পুরো ঘটনায় সি বি আই তদন্ত ও ও সুপ্রিম কোর্ট তার বিচারের প্রচেষ্টা করছেন।

"বিচার বিলম্বিত হলে ন্যায়বিচার অস্বীকার করা হয়" প্রবাদটি ইতিহাসের করিডোরে প্রতিধ্বনিত হয়েছে, এই মৌলিক নীতির একটি কালজয়ী উদাহরণ যে বিচার প্রক্রিয়া অযথা স্থগিত করা উচিত নয়। সামাজিক দৃষ্টিভঙ্গি, আইনি জটিলতা এবং রাজনৈতিক কৌশলগুলির জটিলতার সমীকরণ একটি ভয়ের পরিবেশ তৈরি করতে পারে। সঠিক সময়ে বিচার পাওয়া অসম্ভব হয়ে ওঠে।

বিচার ব্যাবস্থায় প্রশাসন, পুলিশ ও রাজনৈতিক হস্তক্ষেপের জন্য খুবই সংবেদনশীল। রাজনীতিবিদরা, নির্বাচনী কৌশল বা ব্যক্তিগত এজেন্ডা দ্বারা অযথা প্রভাব ফেলতে পারে। এটিকে আমরা ভয় পাচ্ছি। এবং এটা সত্য যে আর জি কর হাসপাতালের ঘটনায় পরিষ্কার, কোন প্রত্যক্ষ সাক্ষী সামনে না আসা খুব চিন্তার বিষয়। এখানে নিশ্চিত ভাবে একটা ভীতির পরিবেশ তৈরি হয়েছে। মানুষ কথা বলতে ভয় পাচ্ছে।

জাতি হিসাবে বাঙালির অবক্ষয়। এটেক একটা বড় নির্দেশিকা হিসাবে মানুষ নিচ্ছেন। পশ্চিমবঙ্গ ছাড়াও অন্যান্য বাঙালিদের কাছে একটা হতাশার বিষয়। বাঙ্গালিদের এই সামগ্রিক সিদ্ধান্ত নেওয়ার প্রক্রিয়াকে ভারতের অন্যান্য জাতির সন্দেহের চোখে দেখছেন। বাংলার বাঙালির মেধার অবক্ষয়, মানবসম্পদের নিম্নগামী ব্যাবহারকে নিয়ে বিভিন্ন মাধ্যমে মানুষ খুব সোচ্চার।

অথচ, বাঙালিদের সম্পর্কে এক সময় মানুষের উচ্চ ধারনা ছিলো। ভারতের স্বাধীনতা আন্দোলনের সময়, সেই সময়কার নেতা গোপাল কৃষ্ণ গোখলের

ভবিষ্যদ্বাণীমূলক বক্তব্য ছিলো – "what Bengal thinks today, India thinks tomorrow." : "বাংলা আজ যা ভাবছে, ভারত আগামীকাল তাই ভাববে " । এই দাবিটি, তাঁর সময়ের ঐতিহাসিক প্রেক্ষাপটে নিহিত ছিলো । বাঙালিরা সর্বভারতীয় ক্ষেত্রে একটা নেতৃত্বের অবস্থায় ছিলো । বাংলা ছিল একটি সাংস্কৃতিক ও বুদ্ধিবৃত্তিক শক্তিশালী উদ্দোক্তা, যা ব্রিটিশ ঔপনিবেশিক শাসনের বিরুদ্ধে নেতৃত্ব দিয়েছিলো । এই অঞ্চলের বুদ্ধিজীবীরা, যেমন উমেশচন্দ্র বন্দোপাধ্যায়, রবীন্দ্রনাথ ঠাকুর, বঙ্কিম চন্দ্র চট্টোপাধ্যায় ,স্বামী বিবেকানন্দ, সুরেন্দ্রনাথ বন্দোপাধ্যায়গন স্বাধীনতা আন্দোলন ও আত্মনিয়ন্ত্রণের জন্য আকাঙ্ক্ষা প্রকাশ করেছিলেন। বাংলা কর্মসূচীর জয়জয়াকার শুধু পশ্চিমবঙ্গে আবদ্ধ ছিলো না। আজকের যুগে বাঙ্গালি জাতির চরম অবক্ষয়ে, পূর্বপুরুষদের বিশ্বাস ও চেতনাকে এগিয়ে নিয়ে যেতে আমরা ব্যর্থ । বাঙ্গালির নেতৃত্ব দেবার কোন ইচ্ছাই যেন আর বর্তমান বাঙালিদের নেই ।

সামগ্রিক ভাবে, আজকের আর জি করের ঘটনা বিচ্ছিন্ন ঘটনা নয় । বাংলার অবদান দীর্ঘদিন ধরে ভারতীয় উপমহাদেশের বিজ্ঞান, ক্রীড়া, গণিত, রাজনৈতিক নেতৃত্বে, সাহিত্যে, সিনেমায়, সামরিক বাহিনী, ব্যবসা বাণিজ্যে অবনমনের দিকে । বাঙালি মেধার অবনমন হচ্ছে। বঞ্চিত হচ্ছে সমস্ত বাংলার মানুষ । একটি সুন্দর বাংলা রাজ্য আমাদের কাঙ্ক্ষিত । আমরা চাই, গোপাল কৃষ্ণ গোখলের উক্ত বক্তব্যটি আবার আলোচনায় ফিরে আসুক ।

১৮ সেপ্টেম্বর, ২০২৪
সম্পাদক , দেহলিজ
পীযূষকান্তি বিশ্বাস
নতুন দিল্লি
ভারত ।

অগ্নি রায়

মেয়েটি রোজ চিতাভস্ম থেকে

যে মেয়েটি অনন্তকাল এক লহমায়
মানবজন্ম ঝলসে ওঠা চকিতপ্রমাণ,
যে কণ্ঠ সমুদ্র হল ঢেউ নবাগতা,
সব পথ মিশেছে আজ ঝড়ের সন্ধানে।

শাসকের রক্তচোখ, শোষকের নখ,
পিঠে নিয়ে নারীটি আজ মেতেছে বিক্ষোভ,
সাহস ছিল ছোঁয়াচে তাই আগুনের মতো
দগ্ধ করতে সমুদ্যত খাদকের লোভ।

সে পেরোলো পুকুর ঘাট, শাদামাটা বাড়ি
ছোট গলি, বহুতল, অভিজাত ভিটে,
রাতের আলপনাটি জানে পথের হদিশ
সে পথেই কল্লোলিনী তিলোত্তমা হাঁটে।

একটি, দুটি, সহস্র প্রাণ, রাত জাগা পাখি
তুমিও জাগো হে মন, নয়তো অকস্মাৎ
কানের উপর কবে উঠে যাবে জল
আসবে না বাঁচাতে কন্যা কখনও দৈবাৎ।

মেয়েটি চিতাভস্ম থেকে উঠে আসছে রোজ
বুকের মধ্যে বারুদ আর স্লোগানের ভাষা,
পুরুষাঘাতে ছিন্ন, তবু আলোর মতন
চেয়ে দ্যাখো কেটে যাচ্ছে জমানো কুয়াশা।

গৌতম দাশগুপ্ত

ঢেউএর মাথায়

ফোড়ন দেওয়া মুসুরির ডাল
আর রুটি
সকালের ব্রেকফাস্ট চিবিয়ে
ভাদুড়িবাবু পাশের বাড়িতে এলেন
মেয়েটার বাবা বারান্দায় বসা
জোরে একটা ঢেকুর তুলে
মেয়ের বাবাকে বললেন
কিছু খবর পেলে ?

মেয়ের বাবা নির্বাক
স্পন্দনহীন চোখে
শুধু মাথা নাড়ান ।
কাতলা মাছের ঝোল খেয়ে
রাতে আবার ভাদুড়িবাবু অথচ
চোখের সামনে দেখলেন
শুধু গণজলসমুদ্র
সমস্ত উত্তর নিয়ে ঢেউয়ের মাথায়
মেয়ের বাবার মুষ্টিবদ্ধ হাত ।

পীযূষকান্তি বিশ্বাস

প্রমাণ

১)
আমাকে নীরব নিথর করে দিতে
ভেঙ্গে ফেলে দিও এই চৌকাঠ
মেঝেতে ভেজা সিমেন্ট ঢেলে দিয়ে
মুছে দিও লাল রক্তদাগ,
যদি কোন পদচিহ্ন থাকে।

জন্ম থেকেই তো নগণ্য হয়ে আছি,
ঢাকা পড়ে আছি কোথাও কিংবা আমি কোথাও নেই
আমাকে প্রমাণ করে দেখছে গোয়েন্দারা আমি আছি কিনা
আমার নখ, গলা, চোখ, যোনি,
রোধ করে দেওয়া কণ্ঠ,
ভেঙে যাওয়া পেলভিক বোনস...

কিংবা আমি ঘুমিয়েছিলাম
কিংবা নির্মল চক্ষু নিয়ে আমি ঘুমাতে পারিনি
আমি ছুঁয়েছিলাম এই দেওয়াল,
কিংবা এই দেওয়াল অতিক্রম করে
কোনদিন চিৎকার করে উঠতে পারিনি।

আমার রেটিনায় ঢুকে আছে একটা চশমার কাঁচ
ঈষৎ ভাঙ্গা, ঈষৎ ইঙ্গিতময় অথচ
আমি দেখতে চেয়েছিলামঃ আমি সত্য কিনা
আমি সত্যিই কল্লোলিনী তিলোত্তমা কিনা...

কিংবা যারা চায়নি এই দুচোখে আমি এইসব দেখি
সরাসরি তাদের চোখে কোনদিন রক্তচক্ষু মেলাই ..

আজ ওরা এই দেওয়ালটা ভেঙ্গে দিলো
ভেঙে দিলো
এক এক করে বিশ্বাসের প্রত্যেকটা ইট !

২)

আর দেহটা, তাও তো পুড়িয়ে দিলি ?
যাতে আমার শরীরের অঙ্গপ্রত্যঙ্গ বলে ওঠে
আমার কান পুড়িয়ে দিয়েছিস তোরা
তবু কারো যেন স্লোগান শুনতে পাচ্ছি
আমার নাক পুড়িয়ে দিয়েছিস
তবু গন্ধ পাচ্ছি পচা সমাজের
আমার চোখের মণি পুড়ে গেছে
তবু দেখতে পাচ্ছি তোদের বিনাশ
জেনে রাখ রে, হে পিশাচ তন্ত্রবাহিনী
তোদের দলধর্ষণে, আমি লজ্জা পাই না আর
তোদের আগুনে,
আমি পুড়তে ভয় পাই না আর ।

আমি ফিরে আসবো রক্ত মাংসে
সহস্র তিলোত্তমার সমস্বরে ।

আমার এই শরীর ছিঁড়ে খাওয়া তোদের দৃশ্যপট
এই ধর্ষণ কাহিনী তোদের প্রমাণ লোপাট
কোথায় লুকাবি ওরে পাপী, ভ্রষ্ট অধিরাজ
রাজপথে নেমে আসা মানুষের প্রতিবাদ চিৎকারে
তোদের সাধের বাগিচা ছিন্ন ভিন্ন করে দেবো আজ ।

সোনালী মিত্র

প্রতিবাদ এবং সতীপীঠ

অভূতপূর্ব সে এক খিদে, হাতিয়ার নখদাঁতের উন্মাদ মাহাত্ম্য
ক্ষুধার্ত দৃষ্টিভ্রম, আদিম শিকারের
সে এক অনতিক্রম্য নেশা,
যাকে মানুষ করেনি, স্রষ্টা তাকেও দিয়েছেন লিঙ্গ
দিয়েছেন ঈশ্বরী খুনের আগ্রাসী প্রতিভা।

এখানে কে কাকে পোড়ায়!বড় কথা নয়
এখানে বিচার্য নয়, কে কার কাঁচামাংসয় জেগে ওঠে ভুখাশ্রম !
পবিত্র গঙ্গায় মেঘসন্ধ্যায় কোন মেয়ে ব্রিজ থেকে ঝাঁপিয়ে
গোধূলিলিঙ্গের বিবাহসভা পেরিয়ে মিলিয়ে যায়
স্বপ্নের উপত্যকায়
কামদুনির মেয়ে পুলিশ ফাইলে আটকে থাকে নির্বিবাদ বছর
অভয়ারা পিতৃঅরণ্যে বটতলার 'চটি' হয়ে যায়।

মেয়েদের দু'পায়ের ফাঁকে নারীত্ব, আঁচলের নীচে জাগতিক সনাতন!
এসব নয় যেন বুভুক্ষু দেবতার এক আড়ং, যেন পাগলা ঘন্টি,
যেন মধুমাস,বৈষ্ণবীর আখড়া
আর স্বয়ম্ভুর গঞ্জিকাক্ষেত
অপূরণীয় সেই নেশার ক্ষেতে মা ও মেয়ে,বউ ও বোন
অন্ধকার হলে উপাদেয় নৈবেদ্য।

তেত্রিশ কোটি দেবতার উপরে মহাদেবীও
এক একটা রাতে,এক একটা অন্ধকারে
জননীপ্রতিভায় নয়,স্ত্রীজাতীয় নয়,নয় কোনও মানবিক মুখ নয়
পুরুষের লিঙ্গচক্রে সতীর মতোই নারীও
পুরুষক্ষিদের একান্নপীঠে বিলীন হয়ে যায় ...

মোনালি রায়

এক দলা অন্ধকার

কলকাতা বা শ্যাম বাজার ৫ মাথার মোড় থেকে কয়েক হাজার কিলোমিটার দূরে।

অথচ, কলকাতার দিন, রাত, স্লোগান, গানের সুর, কোলাহল এমনভাবে মন আর মাথায় ছেয়ে আছে, পুরোটাই যেন এক সমবেত অস্তিত্ব।
এখান থেকে জোর করে নিজেকে টেনে বের করে এনে, আলাদা বা নতুন কোনও মত পথ বাতলে দেবার মতো ক্যারিশমাটিক ক্যারেক্টর আমি নই....
ফলে, লিখতে গেলে হাতে থাকে এক দলা অন্ধকার

\#

১ মাস হতে চলল। প্রায়, গোটা পৃথিবী উদগ্রীব। সকলে চাইছি, হসপিটালের মধ্যে খুন – ধর্ষণ করবার মত নৃশংস মানসিকতা, দুঃসাহস আর সেটা ঢেকে রাখবার জন্য অন্ধ ক্ষমতার অপব্যবহার,... যে কয়েকজন মানুষ করে চলেছেন.... তাদের যেন রাস্তায় টেনে এনে নামানো যায়
নজরুল ইসলাম মাফ করবেন, লোপাট করার জঘন্য রাজনীতি আর " মুক্ত স্বাধীন মিথ্যা " দের সরে যাবার সময় নিশ্চিত খুব কাছে।
খুব মন দিয়ে কিছু চাইলে, ইউনিভার্স না কি ফেরায় না....
এত মানুষের এক কাট্টা চাওয়া বিফলে না যায়....
ক্ষমতার আড়ালে থেকে যে অপরাধীরা , এই স্বতঃস্ফূর্ত জন-দ্রোহ'কে এখন ওয়েব সিরিজের মতো উপভোগ করছে, এবং যারা এদের নিরাপত্তার সুবন্দোবস্ত করছে.... তাদের প্রত্যেকের শাস্তি হোক।

ঘরে। বাইরে। আদালতে।
এ আশায় আমিও রাত জাগি।
আমি নিজে একটিমাত্র মেয়ের মা ।

অভিজিৎ মুখোপাধ্যায়

বাংলার মেয়ে তিলোত্তমা এক দাবানল

তিলোত্তমা মরিয়া প্রমাণ করিল সে মরে নাই । তিলোত্তমা তোমার মৃত্যু নেই, তুমি অমর । তুমি ছিলে মৃত্যুহীন এক দেবদূত । তুমি স্বমহিমায় বিরাজ করবে প্রত্যেকটি ভারতবাসীর অন্তরে । তুমি এক অসামান্যা অগ্নিস্ফুলিঙ্গ, দাবানল । হাসপাতালের কিছু নরখাদক মানুষের দ্বারা তুমি পৈশাচিক মৃত্যু বরণ করলেও জানবে সেই মৃত্যুই তোমাকে দিয়ে গেল অমরত্বের স্বাদ । বিগত পঁচিশ দিন যাবৎ জাতি-ধর্ম নির্বিশেষে আবাল-বৃদ্ধ-বনিতা ৪ থেকে ৯০ বছরের বৃদ্ধ-বৃদ্ধারা পর্যন্ত মোমবাতি হাতে তোমার উপর সুপরিকল্পিত ভাবে নৃশংস নির্মম হত্যাকান্ডের বিরুদ্ধে সোচ্চার হয়ে উঠেছেন । পথে নেমে তাঁরা মিছিলে অংশগ্রহণ করছেন । স্বেচ্ছাচারী শাসকবর্গের বিরুদ্ধে মুষ্টিবদ্ধ উত্তোলিত হাত তুলে প্রতিবাদী ধিক্কার জানাচ্ছেন সমস্বরে । তাঁদের একটাই দাবী পশ্চিমবঙ্গের 'মূর্খ'মন্ত্রীর অবিলম্বে পদত্যাগ । এ তোমার মরনোত্তর পুরস্কার ব্যাতীত আর কিছুই নয় । পৃথিবীর ইতিহাসে এমন দীর্ঘ এবং তীব্র জনরোষ এই প্রথম মানুষ চর্মচোখে দেখতে পেলেন । তোমার গভীর যন্ত্রনা কাতর চিৎকার হাসপাতাল কক্ষের বাইরে কেউ শুনতে না পেলেও আজ দিকে দিগন্তে ছড়িয়ে পড়েছে তোমার অস্ফুট নীরব চিৎকার । তিলোত্তমা তুমি নিশ্চিত জেনে রেখো তোমার সেদিনের দুঃখ – কষ্ট – বেদনা কখনো বিফলে যাবে না । আমরা উপযুক্ত বিচারের আশায় দিন গুনছি । অপরাধীর বিচার আমরা করেই ছাড়বো এরকম জঘন্য অপরাধ যেন বাংলার বুকে আর না সংঘঠিত হয় কখনো । তোমার জিত অবশ্যম্ভাবী ।

'এ আগুণ বাড়বে দ্বিগুন লাগে যদি হাওয়া' । হাওয়া সঞ্চারিত হবে কিভাবে সেটা না হয় বাংলার কনিষ্ঠতম বীর বিপ্লবী শহীদ ক্ষুদিরাম বসুর শ্রীমুখ থেকেই ধ্বনিত হোক ---

"লড়ো ,
না লড়তে পারলে বলো,
না বলতে পারলে লেখো,
না লিখতে পারলে সঙ্গ দাও,
না সঙ্গ দিতে পারলে যারা কাজ করছে,

তাঁদের মনোবল বাড়াও,
যদি তাও না পারো,
যে পেরেছে তার মনোবল কমিয়ো না
কারণ সে তোমার ভাগের লড়াই লড়ছে" ।

তোমার মৃত্যুর আগে এমন তর অপরাধ আরো হয়েছিল কিন্তু সব চাপা পড়ে গিয়েছিল । দোষ আমাদেরই । আমরা ঠিক সময়ে প্রতিবাদ করতে পারিনি । আপামর জনতা জেগে উঠলে কার সাধ্য নিরন্তর অন্যায় অবিচার করার সাহস পায় শাসক বর্গ ! আমরা তখন নির্বিবাদে ঘুমিয়ে ছিলাম । তারই ফলঃস্বরূপ তোমার মৃত্যু হয়েছে । সেদিন তোমার অনেক কথাই বলার ছিল, তুমি বলতে পারনি । অপরাধীরা তাঁদের কুকীর্তির কথা তোমাকে বলতে দেওয়ার সুযোগ না দিয়ে রাতের অন্ধকারে তোমাকে গোপনে হত্যা করেছিল । কিন্তু তিলোত্তমা তোমার অন্তর নিহিত জমানো ক্ষোভের কথা তুমি মুখ ফুটে বলতে না পারলেও তোমার মৃত্যুর এতদিন পরে সব ফাঁস হয়ে গিয়েছে । তোমার হত্যাকান্ডের প্রধান অপরাধী নরখাদক সন্দীপ ঘোষ নাকি তোমার মৃত্যুর পঁচিশ দিন পরে সি.বি.আই. —এর হাতে গ্রেফতার হয়ে হাউ হাউ করে অসহায় ভাবে কাঁদতে শুরু করেছে । এতদিনে বোধহয় অপকর্মে দরুণ তাঁর চৈতন্যের উদয় হয়েছে যার আরেক নাম বোধদয় । কিন্তু এখন শুধু কাঁদলেই হবে না, চোখ ফেটে যেদিন ফোঁটা ফোঁটা রক্ত ঝরবে সেইদিন আমরা হব শান্ত, ফাঁসি অবশ্যম্ভাবী । তাঁর সঙ্গে জড়িত পরোক্ষ এবং অপরোক্ষ সকল অপরাধীদের উপযুক্ত শাস্তির দাবি জানাই ।

দেবার্ঘ্য দাস

।। অধ্যারোপ ।।

আমার ফ্যান্টাসি দুনিয়ায় মরচে ধরে গেছে
অরন্যদেব থাকে না সে দুনিয়ায়
থাকেনা তার সঙ্গিনী
আমার চেতনায় আর নীল ছবির উত্তেজনা ধরা দেয় না।
আমি নারী বলতে বুঝি যোনী
পুরুষ মানে লিঙ্গের অধিকার!

আমার রয়েছে স্টেথোস্কোপ হাতে ধরা ডাক্তার
আমার কাছে আছে স্টিস্টেমের জুজু
আর জুজুর সিস্টেম
তোমার প্রতিবাদ আমার
তোমার প্রতিরোধ আমার
তোমার শরীর আমার
তোমার চামড়া, –কণ্ঠ, রক্ত– ঘাম আমার

তোমার রোগী যার সেবায় তোমাদের দিনরাত থাকতে হয় নিরন্তর
সেই রোগী আর তার শেষ সম্বল – অবশ্যই আমার।
শুধু এক মুঠো রাগ
এক মুঠো পৈশাচিক

এক মুঠো আমার অসহায় পুরুষ এবং লিঙ্গ
তোমার কোমরের নীচে রহস্য তা আমার হাতেই ফাঁস হয়েছে
স্বাক্ষী ভাঙা পেলভিস!
যেভাবে ঘাতকেরা ঘেরাও করে ঘর–শরীর–সন্দেহ–বিছানা

আমি দখল করেছি তোমার অধিকার–চেতনা–লজ্জা–সম্ভ্রম..

আমি বুঝিয়ে দিয়েছিলাম মানুষকে –ভয় বড্ড ছোঁয়াচে
শিরদাঁড়া জমা রাখতে হয় শাসকের এফ.ডি ভল্টে
যা কিছু সাদা
যা কিছু নির্মল
যা কিছু ঠিক – ভুলে যেতে হয় দুই আর দুই যোগে পাঁচের ধারাপাতে
সবই চলছিল মহাকালের গর্ভে ঠিকঠাক–বিলকুল চাঙ্গাসি !

আমিও কসাই হয়ে উঁচিয়ে আছি নিয়ে ছুরি–,
রক্তের গন্ধ ডাক্তারবাবুদের আলাদা করে চিনিয়ে দিতে হয় না।
তারা এতদিন মানুষের চিকিৎসা করে এসেছে
সেবায় ব্রতী থাকবেই – যে কোনও পরিস্থিতিতে
তাই আমিও নিশ্চিন্তে মানুষ মারার প্রকল্পে এনেছি জোয়ার
তোমার উপরে খেলেছি পাশবিক কাটাকুটি
ভ্রুক্ষেপহীন স্পর্ধায় দেখিয়েছি – মাস্টারমশাই আপনি কিছু দেখেননি।
তোমায় ভ্যানিশ করে সিস্টেমকে পকেট নিয়ে খেলে গেছি পিংপং !

শুধু ভোলাতে ভোলাতে –
ভুলে গেছি মহানগরীর ইতিহাসে রাস্তার দাবী !
ভুলে গেছিলাম যে মাটিতে নিরন্তর মেয়েদের শোকগাথা লেখা হয়
সেই মাটিতেই লেপ্টে আছে তাদের জয়গান।
যেখানে আমি পুঁতি ধর্ষকের গর্ব
সেই আদিমযোনি খুঁজেছে দাওয়াই– সভ্যতার সংকট
আলোর খোঁজে যাত্রীরা মরে গিয়েও নিস্তার পায়নি !

অন্ধকারের গভীর হতে উৎসারিত আলো–
বোধ –
সমবেত আগুন জ্বলে উঠেছে
আমার ফ্যান্টাসি দুনিয়া ভেঙে চুরমার
মানুষ বুঝে গেছে আমার মুখ আর মুখোশ
চিনে ফেলেছে ভেতরের নর দানব
আদিম ক্ষত মেরামতের রসদ

লেখা হচ্ছে জনগণের ইস্তেহারে।
দানবীয় মুখের জবাব নেই
উত্তর নেই লালবাজার-সিজিও-স্বাস্থ্য দপ্তর -নবান্নে
ছোঁয়াচে রোগের প্রতিকার ডাক্তার,
জনগণ করে ফেলেছে
শহরে নতুন অক্সিজেন ফিরে আসছে
কণ্ঠে, মেরুদণ্ডে প্রতিধ্বনি হচ্ছে -

ভয় যেমন ছোঁয়াচে।
সাহসও তেমনি ছোঁয়াচে।।

তামিমৌ ত্রমি

কাঠবিড়ালি-সংহিতা

'কাঠবিড়ালি ছেঁচবি সাগর! হা হা হো হো হি...
এর আগেও কতকিছুই আমরা করেছি।
কাঠবিড়ালি কাঠবিড়ালি এইটুকুনি জীব
কতখানি লম্বা জানিস এ লকলকে জিভ!
ছোঁচা তুই হোঁৎকা পেটুক,তথ্য প্রমান চাস!!
ভিক্ষে দেব বন্ধ করে বেতন,বোনাস
কাঠবিড়ালি পেয়ারা খা, বেয়াড়া কেন হোস!
জানিস না ঘাড় ঘোরালেই অনিবার্য ফেঁাস!!
এমনি আমরা খুব শান্ত, জিমেইল করবেট
শান্তিকালীন তৎপরতায় উঁচোই ব্যারিকেড।
কাঠবিড়ালি কাঠবিড়ালি আমার কথা ভাবো
সুবিস্তীর্ণ ক্ষমতাজাল নষ্ট করে দেব?
বাউন্সার নায়িকা দিলাম মাটি আলো করা
তাকেও তোরা ফিরিয়ে দিলি দুয়ার এঁটে পাড়া!!'

এতকিছুর পরেও মাথা তুলে দ্যাখ!!!
কাঠবিড়ালি তুলছে আওয়াজ,
'সাইমন, গো ব্যাক'!!!

প্রশান্ত বারিক

তিলোত্তমা

একদিন সিঁড়িতলে চন্দ্র বোড়া দেখে
ভয় পেয়েছিলে তুমি।

এখন দ্যাখো
ঘুমন্ত নগরীর আলো অন্ধ ঘরে বন্দী
তোমাকে ঘিরে ধরেছে
রক্তলোলুপ ভাড়াটে ধর্ষকও খুনির দল...।।

আনজান অন্ধকারের কী রহস্য জেনেছিলে তুমি ?
তোমার ছেঁড়াখোঁড়া লাশের উপর দাঁড়িয়ে
রক্তচোষা রাক্ষসীর খিল খিল অট্টহাসি
বাংলার ভাতাভূখ্ রমনীরা শুনতে পাচ্ছে কি ?

অরূপ বন্দ্যোপাধ্যায়

আমার প্রতিরোধের আগুন

চারদিকে প্রতিবাদ, প্রতিরোধ চলছে, চলবে। রাস্তায় রাস্তায় মোমবাতির আলো জ্বালাবে তথাকথিত মধ্যবিত্ত শহুরে শিক্ষিত বুদ্ধিজীবীরা, শিল্পীরা দেওয়াল লিখন প্রতিযোগিতায় স্বেচ্ছায় নাম লেখাবে, মিছিল হবে, জনগণের ঢল নামবে শহর ছাড়িয়ে মফস্বলে। সলিল চৌধুরীর গান গাইবে বেসুরো গলা- আমার প্রতিবাদের ভাষা, আমার প্রতিরোধের আগুন...। তবু কি প্রতিরোধের আগুনে দগ্ধ হবে নারী নির্যাতকেরা ?

নারী নির্যাতকদের পশুদের সাথে তুলনা করা হয়, যার অর্থ হচ্ছে পশুদের হীন চোখে দেখা। পশুদের দুনিয়ায় পুরুষ দান্তিক সমাজ আছে কিনা জানা নেই, খুব সম্ভব নেই। আর থাকলেও, মানুষের কাছে সেই পশুরা শিশু। তারা বধূ হত্যা করে না, নাবালিকা সাবালিকা জ্ঞান রাখে, আরও অনেক মনুষ্যচিত গুণের বড়ই অভাব তাদের। তাই তারা পশু, মানুষ নয়।

নারীকে পণ্য করা হয়েছিল ঠিক কবে জানা নেই, না তা জানা সম্ভব। মানুষ যখন গুহাতে বসবাস করত, তখন যূথবদ্ধ সমাজে নারীদের দাপট ছিল সবচাইতে বেশি। সম্পদ জমা করার অভ্যেস তখনো মানুষ রপ্ত করতে পারেনি, কাজেই ভোগবাদ তাদের সিলেবাসের বাইরে ছিল। পুরুষরা যেত শিকারে। নারীরা সেই শিকার করে আনা কাঁচা মাংস রান্না করা, সন্তানদের প্রতিপালন করা, ইত্যাদি কাজে গুহাতেই ব্যস্ত থাকত। পুরুষদের মধ্যে দুর্বলতম, অলস ব্যক্তিটি হয়ত ধমক খেত যূথের প্রতিপালিকার কাছে। হ্যাঁ, প্রতি যূথে একজন করে রমণী থাকতেন, যিনি ইচ্ছে হলেই যূথ থেকে কোনও দুর্বল বা অলস ব্যক্তিকে বার করে দেবার ক্ষমতা রাখতেন। তাই ধরা যায়, সেই যূথনেত্রীর অনুশাসন না মানার অর্থ হত গুহার বাইরে প্রাকৃতিক ঝঞ্ঝার শিকার হয়ে, বা না খেতে পেয়ে মৃত্যু। তখন দলবদ্ধ ভাবে শিকার করতে হত, হাতিয়ারের অভাবে একা জন্তুদের সাথে লড়াইয়ে কেউ এঁটে উঠতে পারত না। কাজেই যূথ নেত্রীর আদেশ ছিল শেষ কথা।

গুহা থেকে বেরিয়ে যখন নদী উপত্যকায় মানুষ বসবাস করতে লাগল, তখন শিখল চাষআবাদ। আর সেই আবিষ্কারটাও নাকি হয়েছিল নারীদের হাতে। বীজ ফেললে ধরণী ফসল ফলায়, নারীরা পুরুষদের চাইতে অনেক আগেই এই শিক্ষাটা অভিজ্ঞতার ভিত্তিতে লাভ করেছিল।

ধরণী তখন সুজলা সুফলা। পশুপালন করত মেয়েরাই। পশুদের চরাতে নিয়ে যেত পুরুষরাই, কারণ বাইরের পরিশ্রমটা তাদের হাতেই ছেড়ে দেওয়া হয়েছিল। পশু চরানো মানে মাঝেসাঝে আলসেমি করলেও কে বা দেখতে আসছে! তাই পশুপালকরা অলস হল। শস্য কাটা, সেই শস্য মাড়াই করা, সব গচ্ছিত হল নারীদের হাতে। অতিরিক্ত সম্পদ জমা হতে লাগল। কোনও কোনও জায়গায় বৃষ্টির অভাবে ফসলে টান পড়তে লাগল। ক্রমশ বেড়ে গেল মানুষের সংখ্যা। শস্য আর পশুর উপর ডাকাতি হতে লাগল। কাদের হাতে ডাকাতির ভার পড়ল? পুরুষদের হাতে। কারণ শিকার করা যাদের অভ্যেস, তারাই হয়ে উঠল যোদ্ধা। যুদ্ধ মানেই বল প্রয়োগের, নিজের ক্ষমতার উৎকর্ষ দেখানোর উপযুক্ত জায়গা। যুদ্ধ করতে গেলে লাগে দলপতি। সে-ই হয়ে উঠল রাজা। নারীর হাত থেকে ক্ষমতা হস্তান্তরিত হল পুরুষের হাতে।

ফসল ফলছে না? ডাকো ঈশ্বরকে। তিনি ছাড়া আর কে-ই বা দেবেন গোলা ভরা ধান, আর দুধেল গাই? ঈশ্বরের আরাধনা করতে এগিয়ে এল যারা, তাদের চিহ্নিত করা হল পুরোহিত হিসাবে। রাজার দুঃসময়ের সাথী, আনন্দের দিনের ভাগীদার হল তারা। যার যত পণ্য, সে তত বেশি পরাক্রমই। যুদ্ধ করতে গেলে পুরুষ চাই, নারী নয়। তাই পুরহিতের দায়িত্ব গেল বেড়ে। ঈশ্বরের কাছে সে খাদ্য চাইবে, আর রাজার জন্য পুরুষ সন্তান। নারীরা তবে কী করবে? বাহুবলে নারীদের উপর অধিকারের দাবি জানাতে তাদের পণ্য করে দিল পুরুষতান্ত্রিক সমাজ। রাজার বহু রমণী। তার নিত্যনতুন শয্যাসঙ্গী চাই। একাধিক বিবাহে মন রোচে না। উপপত্নী চাই। পুরুষ সন্তান যুদ্ধে কাজে আসে, নারীদের কী কাজ? সে শুধু পুরুষের মনোরঞ্জন করবে।

সমাজ সৃষ্টি হল বিবর্তনে। বিবাহসূত্রে আবদ্ধ হলে তবেই নারীকে ভোগ করা আইনত সিদ্ধ বলে মনে করা হবে। পরপুরুষের চোখ থেকে নিজের সম্পদকে আড়াল করতে হবে। নারীদের পাঠিয়ে দেওয়া হল পর্দার আড়ালে। সমাজে

সর্বসমক্ষে এলে তার সমূহ বিপদ। যার সে পণ্য, সে হয়ে যাবে বিপন্ন যদি বিবাহিত নারীটি অন্যের ভোগ্য হয়ে যায়।

সভ্যতা যতই এগোতে লাগল, নারী পুরুষের বৈষম্য তীব্র হতে থাকল। বর্বর থেকে মধ্যযুগ পর্যন্ত সমাজের ইতিহাসটা অনেকটা এমনই। বিজ্ঞানের অগ্রগতির সাথে সাথে আরও বেশি করে যন্ত্র আবিষ্কার হতে লাগল, ভোগ্যপণ্যর চাহিদা বাড়ল। কাজেই নারীদের অবস্থান আরও নিম্নগামী হল। ক্ষমতার লড়াইয়ে বিশ্বযুদ্ধ লাগল। লড়াইতে পুরুষ সেনারা পরিবারের থেকে দূরে থাকবে বলে সেই সময়ে 'কমফর্ট গার্ল' পাঠানো হতে লাগল যুদ্ধক্ষেত্রে। সভ্যতার চাকা ঘুরতে লাগল। শিল্প বিপ্লব এল ইউরোপ জুড়ে। দেশগুলো সমৃদ্ধ হতে লাগল। নারীরা সেখানে অনেকটাই স্বাধীনতা পেয়ে গেল। কিন্তু কাঁচামাল ও শ্রমের স্বার্থে বিশ্ব জুড়ে বসল উপনিবেশের থাবা। উপনিবেশে মানুষ যত গরিব হতে লাগল, যত তার স্বাধীনতা কেড়ে নেওয়া হল, তত কমে গেল নারীদের কদর। শিল্পপতিরা কাঁচামালের সাথে আরও একটা পণ্য জুড়ে দিল তাদের খাতায়— নারী মাংস।

পৃথিবীর সব জায়গায় একই রকম ভাবে শিল্প- বাণিজ্যের বিকাশ ঘটল না। নারী পুরুষের ব্যবধান ও বৈষম্য বেড়ে চলল। আধুনিক তথাকথিত সভ্য সমাজে তাই নারীর স্থান হল পুরুষের নিচে। সাম্প্রতিক ঘটে চলা ধর্ষণ কাণ্ড তাই কোনও বিচ্ছিন্ন ঘটনা নয়। পুরুষের অধিকারের দাবি, তার ভোগলিপ্সার অবশ্যম্ভাবী প্রকাশ হচ্ছে নারী নির্যাতন। বর্তমান ভারতীয় রাজনীতি এখনও আধা সামন্ততান্ত্রিক, দলনেতারা যতই প্রকাশ্যে গলা ফাটিয়ে গণতন্ত্র এবং নারী স্বাধীনতার কথা প্রচার করুক না কেন। ভোটের সময়ে বিপুল সংখ্যক নারীর মতদান তাদের কাছে খুবই গুরুত্বপূর্ণ। তাই শিক্ষা থেকে তাদের বঞ্চিত করলেই আখেরে লাভ বেশি, যাতে শ্যাম ও কুল দুইই বজায় থাকে। এখনও যদি কোনও নারী সুশিক্ষিত হয়ে প্রতিবাদের আঙুল তোলে, তার একটাই শাস্তি রাজনীতির দালালরা নির্ধারিত করে রেখেছে, তাদের বেআবরু করে দাও, ধর্ষণ করে উচিত শিক্ষা দাও পুরুষের স্বেচ্ছাচারিতার বিরুদ্ধতা করার।

আজ আর আবেগে ভেসে যাবার দিন নয়। প্রতিবাদ জোরালো করার সময় এসেছে। আর সেই ক্ষমতা আছে বিপুল সংখ্যক মানুষের, নারী পুরুষ নির্বিচারে। ত্রাতা কৃষ্ণের অপেক্ষায় না থেকে সভ্য সমাজকেই এগিয়ে আসতে হবে সমাজের খোল ও নলচে বদলে দেবার জন্য।

শাশ্বতী গাঙ্গুলি

এখন

আগুন জ্বলছে ভেতরে বাইরে
ছাই চেপে রাখি রোজ।
আগুনে পুড়ছি, তবুও চলছি
গড়ে তুলি প্রতিরোধ।

প্রতিবাদ করে আজকে তুমিও
নেমেছো আমার সাথে।
কিন্তু আমি কি সাম্য দেখেছি
কোনো যুগে কোনো রাতে?

ক্যাবারে নেচেছি পেটের দায়েতে,
ব্রথেলে পচেছি আমি।
টাকার অংকে বিক্রি হয়েছে
আমার এ দেহখানি।

কখনো দেখেছি সূর্যদেবের ঔরসভরা পেটে,
কুন্তীপুত্র কর্ণ তবুও বেজন্মা অবশেষে।
উর্বশী হয়ে ঋষির ধ্যানেতে শরীরের হিল্লোল
লাস্যনৃত্যে বেহুলা বাধ্য স্বামীকে বাঁচিয়ে তোল।

চিত্রাঙ্গদা ইচ্ছে তোমার
আমাকেই হোতে হয়,
পিছনে তাকাও সে পথে আমাকে
সতীদাহে যেতে হয়।

তাতেও তোমার শান্তি ছিল না
কৌলিন্যের ত্রাসে,
বালবিধবাকে মরতে হয়েছে
একাদশী উপবাসে।

এরপর সেই পুরুষ এলেন,
শুরু হল প্রতিবাদ।
বাল্যবিবাহ রোধ হল শেষে
বিধবা বিবাহ পাস।

সতীদাহ রোধ পড়াশুনো শেখা
স্ত্রী শিক্ষা আলো এল।
কিছুটা বদল হলেও তবুও
নারী নারী থেকে গেল।

মহাভারতের আর্যপুত্র আমাকে সগৌরবে
বাজীতে হারালো, পণ্যদ্রব্য আখ্যা পেলাম তবে।
বস্ত্রহরণ লজ্জা আমার শুধু দৈহিক ছিল ?
নির্লজ্জরা মানসিকভাবে ধর্ষণ করেছিল।

বিবস্ত্র আমি মাংসপিন্ড খবর হচ্ছে বাসি।
গোটা দেশে আর কতবার বলো জ্বালবে মোমের বাতি ?
আজ মণিপুর,কালকে দিল্লি,পরশু সে দেরাদুন
সারা দেশ জুড়ে জ্বলছে আগুন মনুষ্যত্ব খুন।

নির্ভয়া থেকে মিটিং মিছিল অভয়াতে এসে মেশে
অসুরবিনাশী আগমনী আজ রুদ্ধ যে অবশেষে।

প্রাণজি বসাক
নির্মম আঘাতে নিহত

কবিতার লাইনগুলো আজ আর আসছে না কেন যে
সহজ কীবোর্ড আর সহজ নয় যেন আগুন-লাগা ঘর
পুড়ে খাক হয়ে গেছে ভাষা – ছাই হয়ে উড়ছে বেদনা
কোথাও কোনো সুস্থির সুখময় প্রেমময় উচ্চারণ নেই
মানুষের সুপ্ত আদিম প্রবৃত্তি মুহূর্তে গ্রাস করে মনুষ্যত্ব
বহুকালের প্রতিবেশী হয়ে ওঠে ধৃষ্ট শত্রু দখলকারী —
রাতের আঁধারে জ্বলজ্বল করে কতশত বিড়াল-চোখ
ফিসফিস কথাদের কোনো ভাষা হয় না শুধু আভাস
হিসাব মেলাতে পারে না মানুষ কখনো মানুষের দ্বন্দ্বে
তোমার কবিতার নির্মল আবেগ নির্মম আঘাতে নিহত

কৃষ্ণা মিশ্র ভট্টাচার্য

কবি,মঞ্চ থেকে নেমে এসো

কবি,একবার মঞ্চ থেকে নেমে এসো
পেভমেন্টে, ফুটপাথে মায়ানগরীর আন্ডারপাসে,
উড়ালপুলের আনাচে কোনাচে একবার তাকাও
ঠিকা শ্রমিক, বন্ডেড মজদুর, দুর্লভনগরের পালক ছড়ানো রাস্তায়
আঁচল খসানো একপেট খিদে চৌমুনির চায়ের দোকানে
নেমে এসো কবিতার পাজল ছেড়ে
গোলাপ আকাশের মায়াময় বোধ ছেড়ে
কিচেন কিংবা লিভিংরুমের আরাম ছিঁড়ে
মুখোমুখি বসে পড় অনিচ্ছুক শূন্যতার
খাদানে

যাবতীয় লিটারারি এলিউশন তছনছ
হাঁমুখ জ্বলন্ত তন্দুরের পাশে।।
নেমে এসো প্রতিবাদে,প্রতিরোধে,
মানবিক অধিকার বোধে
দাঁড়াও যাবতীয় মানহারা মানুষের পাশে

কবি,একবার মঞ্চ থেকে নেমে এসো
রাস্তা তোমায় ডাকছে...

ভাস্বতী গোস্বামী

দুর্গা ঘুমাও

আবার তুমি আসবে বলে
শরৎ আকাশ নীল হয়েছে
কাশের ঝালর লিখছে ছুটি
সোনা রোদের ঘুম ভেঙেছে

কোথায় যেন আগমনী
মহালয়ার সুর ভেসে যায়
বছর পরে আসছে উমা
খবর আসে হাওয়ায় হাওয়ায়

কেমন আছিস মা-জননী
কেমনই বা সংসার তোর
মা মেনকার কথায় কথায়
কাটলো যে রাত কাটলো যে ভোর

মায়ের বুকে এলিয়ে মাথা
দুর্গা বলে নিজের কথা
রাত দখল করতে যাবো
তুলবো মা ওই হল্লাবোল

শতাব্দীর অশ্রুতে আজ
ভাসছে মায়ের চোখ কেবল
পারবি 'মা-গো' পারবি যে তুই
করতে হবে দিনবদল

শাঁখের ডাকে সন্ধ্যা নামে
পঞ্চমীতে চাঁদ তরল
ঢাক বেজেছে ওই বোধনের

গর্জে ওঠা হোক সফল

জোট বেঁধেছো ? তৈরি হও
ঝড় উঠেছে ---- উঠুক ঝড়
অসুর বধের আসছে সময়
হাজার কণ্ঠে একই স্বর

মরবো না 'মা' বাঁচতে যে চাই
সিঁদুর খেলার লাল আকাশ
দুর্গা তোর আজ অঢেল ছুটি
মায়ের কোলে ঘুমিয়ে যাস

আসিস না আর আমার ঘরে
শিউলি ঝরার ভোর বেলায়
রাখার দু'হাত নেই আমাদের
কলঙ্কেরই এই বিজয়ায়

শ্যামল বিশ্বাস

তুই তো আছিস, না ?

এটাই ভাল হল যে তোর দেহ নেই
বৃষ্টিও এল অথচ তুই ভিজলি না
গনগনে রৌদ্রও তোকে পোড়াতে পারল না।

শরীর নেই বলে তোকে দেখে প্রতিনিয়ত
নারী খেকো হায়না চোখ জ্বলজ্বল করে না,
রক্ষা পেয়ে গেলি নির্ভয়া বরাবরের জন্য
রক্ষা পেয়ে গেলি , নইলে আসছে পূজোয়
মেলার ভিড়ে অজস্র নখ তোর নিষিদ্ধ অঙ্গ
আঁচড়ে দিত নতুবা তুই তো সব জানিস ।

এটাই ভাল হল যে তোর দেহ নেই
বাতাস এল, আঁচল উড়ল অথচ কেউ বুঝল না
তুই আছিস কি নেই সেটাই বোঝা গেল না।

ইন্দিরা দাশ

মূঢ়

অশ্রু শেষ, এইবার রক্ত ঝরাবে দুটো চোখ দিয়ে?
মনে রেখো হাজার রক্তাক্ত মানুষ ধুয়ে মুছে
আমিই করেছি সেলাই শত ক্ষতস্থান।
ছিন্নভিন্ন দেহে বীর্যপাত করে ঘৃণা'ভরে চলে যাবে
এই হাতে প্রস্রাবের ব্যাগ বয়ে নিয়ে
তোমায়, তোমার প্রিয়জনদের
আমিই না কখনও শুইয়েছি যত্ন করে
অস্ত্রোপচারের বিছানায়!
কি নেবে! আমার প্রাণবায়ু?
পেঁচিয়ে ধরবে শ্বাসনালী?
এইবার ঝড় হয়ে বয়ে যাব তোমার চেতনা লুপ্ত করে দিয়ে।
ভেঙে ফেলবে কণ্ঠার হাড়? দধীচির অস্থি হয়ে বজ্র হাতেও কিন্তু
নেমে আসতে পারি আকাশ থেকে।
মনে রেখো, বিষ্ঠা, ঘাম, মৃত্যু-চিৎকার অগ্রাহ্য করে,
গভীর প্রজ্ঞা, একাগ্র শুশ্রূষায়
প্রাণদানের প্রচেষ্টা করে যে-

তাঁর প্রতি কণা লোহু থেকে
উঠে দাঁড়াচ্ছে আজ
সেই রক্তবীজ
যাদের হারাবার কিছু নেই আর।

শুধু তুমিই হারালে
অসুখে বুকের বল
যন্ত্রণায় পরিচর্যার হাত
সমূহ বিপদে কাঁধে বোনের হাত
মাতৃমূর্তির বরাভয়ের আশ্বাস।

শর্বাণীরঞ্জন কুণ্ডু

প্রতিবাদী গদ্য

প্রিয় অনুজ পীযূষ বিশ্বাস এর উপরোধ পশ্চিমবঙ্গের বর্তমান অবক্ষয় নিয়ে কিছু লিখে দিতে হবে।

আমি দিল্লিতে থাকি। তবে পশ্চিমবঙ্গের সঙ্গে আমার সম্পর্ক আশৈশব। কারণ হিসেবে বলব আমার পিতা মাতা পূর্ববঙ্গের যা অধুনা বাংলাদেশ। কিন্তু তারা কলকাতায় চলে আসেন স্বাধীনতার আগেই। মাতামহ কলকাতায় বাসস্থান তৈরী করেন। কিন্তু পিতামহ দেশভাগের পরে ভদ্রাসন হারান। বাবা চাকরী সূত্রে দিল্লী বাসী হয়ে যান। কিন্তু সরকারী ব্যবস্থাপনায় যেহেতু একটা স্থায়ী ঠিকানা থাকতে হয়, মাতামহের কলকাতার বাসস্থান হয়ে যায় আমাদের স্থায়ী ঠিকানা। এইকারণেই কলকাতার সঙ্গে আমাদের যোগাযোগ। এতদ্ব্যতীত আমার ঘরণী পশ্চিমবঙ্গ ললনা। তাই আমি ওতোপ্রতোভাবে পশ্চিমবঙ্গ সংপৃক্ত।

কলকাতা বিশ্বযুদ্ধ দেখেছে। পশ্চিমবঙ্গের দুর্ভিক্ষ কলকাতাকে ভীষণভাবে স্পর্শ করেছে। কলকাতা বিভাজনের দাঙ্গা দেখেছে। কলকাতা বিভাজন জনিত পূর্ববঙ্গ আগত মানুষের ভীড় ও দুর্দশা দেখেছে। এই কারণেই কম্যুনিজম গ্রাস করেছে পশ্চিমবঙ্গকে। অতিরিক্ত জনসংখ্যা পশ্চিমবঙ্গের দুর্দশা নিয়ে এসেছে।

বাঙ্গালী বর্ণ শঙ্কর জাতি। তাই তার বিশ্বাসের যায়গা বড় নড়বড়ে। তার চিন্তাভাবনা বড়ই গোলমেলে। বিশ্বাস অবিশ্বাসের যায়গা বিভ্রান্তিকর। কম্যুনিস্টরা এসে প্রতিষ্ঠা করল 'ডিকটেরশিপ অব দ্যা পার্টি ক্যাডার'। কম্যুনিস্টরা ইকনমিক্স-এর ফান্ডামেন্টালস ভুলে গেল। অর্থনীতি বলে শিল্পের জন্য দরকার জমি, বিত্ত ও শ্রম। ওরা শ্রমকে গুরুত্ব দিল। বিত্তবানদের হেনস্তা করল। জমি টুকরো টুকরো করে ভূমিহীনদের বিলিয়ে দিল। তো শিল্পটা হবে কোথায়। বিত্তও চলে যেতে লাগল। শ্রমিকদের কাজ গেল। তো তারা উঞ্ছবৃত্তি ছাড়া করবে কী? পশ্চিমবঙ্গের শিল্পপতিরা চলে গেল মুম্বাই, হরিয়ানা, উত্তরপ্রদেশ। ক্রমে ক্রমে ব্যাঙ্গালুরু। হরিয়ানায় গজিয়ে উঠল ফরিদাবাদ, গুরুগ্রাম। উত্তরপ্রদেশে গাজিয়াবাদ। এমনকি দিল্লি। যখন প্রচেষ্টা হল শিল্প স্থাপনার, এই ছোট কৃষকরা জমি দিতে রাজি হল না। শিল্প স্থাপনা করা গেল না।

ইতিমধ্যে সরকারী চাকরীতে কয়েকগুন বেতন বৃদ্ধি হয়েছে। রাজনৈতিক নেতৃত্ব চাকরী বিক্রি করা শুরু করল। চাকরীর জন্য ডিগ্রি বিক্রি করা শুরু করল। রাজনৈতিক নেতৃত্বের আড়কাঠি শ্রেণী গড়ে উঠল। মানুষের নীতি হয়ে গেল শিথিল। সমাজের রন্ধ্রে রন্ধ্রে দুর্নীতি ঢুকে পড়ল। অপরাধ প্রবণতা বেড়ে গেল। ধর্ষণ, হত্যা রোজকার ঘটনা হয়ে দাঁড়িয়েছে এখন। রাজনৈতিক রেষারেষি মারাত্মক পর্যায়ে পৌঁছেছে। ভাষা সন্ত্রাস এখন নিত্য নৈমিত্তিক ব্যপার।

দুর্নীতির কারণে সবকিছুর মান ক্রমশ নিম্নগামী। যদি টাকা দিয়ে সব কিছু কেনা যায় কষ্ট করে অধ্যাবসায় সহকারে বিদ্যার্জন হবে কি করে? ক্রমে দেখা যাবে ডাক্তার ইঞ্জিনিয়ার অন্যত্র চাকরী পাচ্ছে না। কেউ তাদের বিদ্যাকে বিশ্বাস করছে না। এরা ডাক্তারী করলে মানুষ মারবে, বাড়ি কিংবা ব্রিজ বানালে তার ভেঙ্গে পড়বে।

যে অনৈতিকতা চলছে তার প্রধান কারণ ধর্মীয় বিভাজন। মুসলমানদের ভারতীয় স্রোতে না মিশে যাওয়ার প্রবণতা। মুসলমানদের এই প্রবণতার ফসল তুলছে ক্ষমতা লোভি রাজনৈতিক নেতা। মানুষের প্রতিনিধি হয়ে মানুষের কাজ না করে কেবল বিদ্বেষ ছড়িয়ে, অবিশ্বাসের বাতাবরণ তৈরী করে ক্ষমতায় যারা আরোহন করবে তাদের কাছে সমাজ নামক ব্যাপারটার কোনো দাম নেই। ধর্ষণ হবে, খুন হবে, চুরি ডাকাতি রোজকার ঘটনা হয়ে দাঁড়াবে।

সবার আগে জনসংখ্যা নিয়ন্ত্রণ করতে হবে। কোচিং সেন্টার তুলে দিতে হবে। হেল্প বুক, গাইড বুক জাতীয় পুস্তক প্রকাশে প্রতিবন্ধকতা লাগাতে হবে। স্কুল কলেজে মাস্টারমশাইরা যা পড়াবেন তার ভিত্তিতেই পরীক্ষা দিতে হবে। স্কুলেই সব ধর্মের মূল বার্তা ছাত্রদের বলতে হবে। ধর্মীয় বিভাজন মূলক ক্রীয়াকলাপ শাস্তিযোগ্য অপরাধ হিসাবে গণ্য করতে হবে। আমাদের নির্বাচন কমিশনকে ঢেলে সাজাতে হবে। কোনো দুরাচারি ব্যক্তি যেন নির্বাচনে দাঁড়াতে না পারে।

রাজনৈতিক নেতৃত্বের পরিবর্তন না হলে সমাজ সুস্থ হবে না। মনে রাখতে হবে বাঙ্গালীর যা কিছু উন্নতি সবই ইংরেজদের সংস্পর্শে এসে। যেদিন ভারতের রাজধানী কলকাতা থেকে দিল্লি চলে গেল পশ্চিমবঙ্গের অবনতি শুরু হয়ে গেল। পশ্চিমবঙ্গের দুরবস্থার কারণ প্রথমে হিন্দুত্ব ও পরে মুসলমান জনসংখ্যা বৃদ্ধি।

কোনো মাদ্রাসা থাকা বাঞ্ছনীয় নয়। এগুলো জটিল সামাজিক বিষয়। তাসলিমা নাসরিনের পশ্চিমবঙ্গে না থাকতে পারা দিয়েই প্রমাণ হয় পশ্চিমবঙ্গ পাঁকে নিমজ্জিত। সেই পাঁক কতটা দলদল রাধাগোবিন্দ কর হাসপাতালের ডাক্তারকে ধর্ষণ করে খুন করা সেটাই প্রমাণ করে।

আমাদের গন্তব্য অনেক দূর। অনেক পরিশ্রম ও অধ্যাবসায়ের প্রয়োজন আছে।

শাশ্বতী নন্দ
মায়াহরিণীর ডাক

যখন মুখ বন্ধ রাখাই
নিরাপদ বলে মনে হয়
তখনই মুখ খোলার প্রকৃত সময়।

মানুষ এখনও মানুষখেকো
ওঁত পাতা শিকারি শ্বাপদ,
তক্কে তক্কে থাকে
ঘাড় মটকায়, মাংস খুবলে খায়

তারপর ভরপেট ঝিমায়
জেগে উঠলেই খিদে, মাংসলক্ষ্য...

মায়াহরিণীর অতন্দ্র থাকার এ সময়
শ্বাপদ আসলেই সে মুখ খোলে, ডাকে
সতর্ক হয় সম্ভাব্য শিকার...

মানুষ এখনও মানুষখেকো,
মানুষকে মুখ খুলতেই হবে
ডেকে যেতে হবে মায়াহরিণীর ডাক।

দেবযানী বসু
ডিজিটাল অ্যামিবার দেশে

আর আসিব না ফিরে এই বাংলায়। ডুবে গেছি মৃত ধানশ্রী নদীর রক্তে। নির্মমতাময়ী এক রক্তাক্ত হাত শহর গ্রামের আকাশে ওড়ে। লালকমল নীলকমলের চোখকে ঘুম পাড়িয়ে দেয়। নরক থেকে ভাড়া নিয়েছে সে লেডি ম্যাকবেথের হাত। সংলাপ তাঁর শুধু পচা মাংসখণ্ডের। ছুঁড়ে ছুঁড়ে মাংসখণ্ড বাংলাকে হাজার একান্নপীঠ করেছে। এ নরকপীঠে বাস আমাদের। কোন লোকে দান্তে ভালো জানেন। নরকের বিলাপধ্বনি নারীদের ফুসফুসে ঘড়ঘড় করে। পুজোর চালচিত্রে পালে পালে শকুন উড়বে এবার। মাইক্রোস্কোপ হাতে কোটি কোটি অ্যামিবা জেগে উঠেছে দোষী খুনী ধরবে মা ও মেয়েদের নামে। অ্যামিবাদের সমবেত গানের মাঝেই ধর্ষণ ঘটে যায় দেশ জুড়ে। সুরেলা প্রতিবাদ থেকেই পচা বিষ্ঠার গন্ধ উঠে আসার সময় হয়ে এল। জয় অ্যামিবাদের জয়।

আফ্রিদা মাসুমা

চাঁদ ও আত্মহত্যা

দেখতে দেখতে আবারও আত্মহত্যা করেছে চাঁদ,
সাদা কলারের উপর নেকড়ের মুখ
আর নেকড়ের মুখে কুকুরের দাঁত দেখেই
প্রতি মাসে গলায় দড়ি দেয় চাঁদ।

নেকড়েরা কৌশল খোঁজে,
প্রান ফেরাতে চাঁদের ।
সুর তালের রসে কষে
চাঁদকে শোনায় প্রেমের কাব্য, সুধার গান।

যখন সুসজ্জিত চামড়ার তলে পাশ ফেরায় নেকড়ে,
চোখ থেকে ঝুলে পড়ে ফোঁটা ফোঁটা লালা,
আর উন্মত্ত দৃষ্টি খাবলায়
চাঁদের নগ্ন বুক ও উরু –

প্রতারণায়, ভয়ে, ত্রস্তে চাঁদ
করে বসে আত্মহত্যা ।

নেকড়েরা আবার কৌশল খুঁজে...

অপূর্ব সাহা
গর্ভজাত

ভোরের আলো ফুটতে তখন কিছুক্ষণই বাকি,
শুনি খবর, শহর মোর, কালিমাতে গেছে ঢাকি।
অত্যাচারীর নখদন্ত ছিঁড়েছে ফুলের কুঁড়ি
তথ্য-লোপাট, আশ্রয়দাতা –অবক্ষয়ের নাই জুড়ি।।
শাসক তুমি শোষক হলে কোন ছলনার বলে ?
ক্ষণেকেই এই ধরিত্রী মা, ডুবলো রসাতলে।
ভেবেছিলে একটা প্রাণের দামই কত ? লোক যদি হয় গরিব –
শক্ত হাতে দণ্ড ধরে, পাপের হলে শরিক ।।

মূর্খ তুমি, ভণ্ড তুমি, মুখোশ গেছে খুলে,
নরকগামী হলে তুমি নিজেরই ইচ্ছা, ভুলে।
যত তুমি ধরবে টিপে কণ্ঠ করে রুদ্ধ
আগল তোমার করবো শিথিল, আমরা প্রতিবদ্ধ।।

অবক্ষয়ের শেষের শুরু, হোক না যতই দেরী,
নষ্ট ঘুণের বাসার 'প্রতীক' পরাবো তোকে বেড়ি।
গর্জে উঠলো আকাশ বাতাস! ঝলসে উঠলো আলো!
জ্বলনিনাদ ঘোষণা করলো 'জগতের হোক ভালো'।।

মেয়ে বা ছেলে হই না কেন, বুঝি নারীর দান,
তাই তো আমি পণ করছি রাখবোই তার মান।
অবচেতন জাতির নিদ্রা এখন গেছে ছুটি –
হৃদয় মাঝে জাগছে দেখো 'রাখীর' প্রতিশ্রুতি।।

স্নেহের স্পর্শ পাই যেথা আজ, করি যে শির নত
বিশ্ব জুড়ে আবাল-বৃদ্ধ-বনিতা জাগ্রত।
ধ্বংস করি নৃশংসতা, বর্বরতার কালি,
রাতের কালো পার করে আজ ভোরের আলো জ্বালি।।
মনের কোণে শুদ্ধি আনি, পরের তরে স্নেহ,
পথচারীরা ঘর খুঁজে পাক, অনাথের হোক গেহ।
নিশা যাপন সবার তরে – সবাই, আমি, তুমি
জাগছে দেখো অপ- তেজ- মরুৎ- ব্যোম আর ভূমি।
বিদ্রোহী মন ছুটছে আজি স্বাধীনতার পণ
মানবধর্ম মানবজাতির আসল মূলধন।

আলো মোদের, বাতাস মোদের, মোদের আছে আশা,
এটাই আমার প্রতিবাদের গর্ভজাত ভাষা।।

স্বাতী নাথ

লজ্জিত

কত শহীদের রক্তে রাঙানো আমাদের স্বাধীনতা

ব্যর্থ হয়েছে সেই বলিদান আজ আপমানিত মানবতা

এখন রাজনৈতীক নেতা আর দালাল রা করে রাজত্ব

অপমানিত লাঞ্ছিত আজ নারীদের সতীত্ব

দোষী রা এখন আর পায় না সাজা

রাজার ছাতায় বসে দেখে তারা মজা

গলা দাবিয়ে বন্ধ করে বিদ্রোহী দের আওয়াজ

অসৎ নেতারা বুক ফুলিয়ে করে অন্ধকারের কাজ

এই স্বাধীনতাই কি চেয়েছিল সুভাষ, বিনয় বাদল দীনেশ

মানুষ এখন হিংস্র পশু তারা স্বাধীনতা পেয়েছে বেশ

নির্ভয়ে তারা সভ্য সমাজে করে বিচরণ

মনের আনন্দে করে লুটপাট ধর্ষণ খুন

যেখানে নেই স্বাধীনতা, করার বিরোধিতা অপরাধের

সেই সমাজে র সাধারণ মানুষ আজ কি করে বাঁচতে পারে

তাই তোলো আওয়াজ স্বৈরাচারী তার বিরুদ্ধে

একত্রিত হও মিছিল করো থেকো না আর কোনো আবদ্ধে ।

কবিতা বন্দ্যোপাধ্যায়

আরো আগুন

'ওরে আগুন নিভে যাচ্ছে যে',---কে যেন চেঁচিয়ে বললো !
এদিকে ওদিকে তাকিয়ে দেখলাম,
অনেক দূরে একটা অবয়ব মিলিয়ে যাচ্ছে
হাতে নিভন্ত মশাল !
আমার হতবাক চোখের পলক পড়ার আগেই জ্বলে উঠলো আরো
অনেক,অনেক মশাল
সেই নিভন্ত মশাল থেকে !
এগিয়ে আসতে লাগলো মানববন্ধন হয়ে,
তাদের গনগনে মুখে সেলুলয়েডের পর্দার মত ফুটে উঠলো দুটি শব্দ "বিচার চাই"
সেই শব্দ ছড়িয়ে পড়লো আকাশে-বাতাসে,দেশে-বিদেশে...

তুমি দেখতে পাচ্ছো তিলোত্তমা
ওরা কিন্তু ভয় পেয়েছে খুউব !
ওদের সমস্ত জারিজুরি এখন শেষের পথে,
এবার প্রলয় আসবে
দাউদাউ করে জ্বলছে আগুন
রিলে রেসের মত মশাল ছুটেছে
পৃথিবীর এ প্রান্ত থেকে ও প্রান্তে ,

আমরা ক্লান্ত হবো না
আমরা হারবো না
তোমাকে হারতে দেবোনা
জিতবে,তুমি জিতবেই...

বিদ্যুৎ পাল

রাত-দখল

অপরূপ এক রাত দিলে প্রতিবাদ!
শহরগুলোও মুখ দেখে নিজেদের
মা-মেয়েদের পথ ভরা কলরোলে
চমকে উঠলো আগামীর ঝাঁকানিতে।

আকাশ ডাকলো, "আসিফা …!" তুই কোথায়?
চিতায় একটু আগুন খুঁজলো হাথরস।
ধর্ষক জাত-ধর্ম-টাকার গর্মি
তাচ্ছিল্যে বন্ধ করলো জানলা।

ঘরে ঘরে ঘর সুখ-সই ভাবা পুরুষ
হঠাৎ দেখলো পা'দুটো তার অবশ।
অনেক প্রশ্ন ভাবার বাইরে রেখে
সোজা উত্তরে তুষ্ট ছিল যে তারা!

বাঁচতে দিল না, ন্যায় ওরা কী দেবে?
দুষ্কৃতীদের শাস্তির দাবিতে,
নজরদারি – তাও রুখছে পুলিস;
গন্ধ উঠছে – নালিঘা এত গভীর!

এক প্রতিবাদে ভাঙবে না দুশ্চক্র।
তবু, অসংখ্যে শরীর যে হয় চেতনা,
দেখতে, দেখাতে নারীদের রাত-দখল
চ্যালেঞ্জ ছুঁড়লো স্বাধীনতা যাপনে।

রীতা বিশ্বাস পান্ডে

আবার আমার অসময়ে চলে যাওয়া

এই মেয়েটা, নাম কিরে তোর ? সেবাই থাকিস রাত দিন ভোর। মায়ের যতো মমতা দয়া দেখতে পাচ্ছি তোর অন্তর। ওই যে দেখো সুন্দর পাড়া, তার মাঝে ওই ছোট্ট বাড়ি। তার যে মেয়ে সিদ্ধি আমি। মমতাময়ী মা যে আমার রাতের খাবার খাইয়ে,পাঠান তবে সেবায় দেশের তরে। দেশের দশের সেবায় মাতিস একটুখানি নিজের খেয়াল রাখিস। কোথায় কোন রাক্ষস খোক্কশ আছে যে ঘাপটি মেরে! ভয় পেয়ো না দেশ আমার, ওরা যে আমার সতীর্থ। নির্ভয়ে আমরা সেবা করি সব বাধা পেরিয়ে। কিন্তু, সব বিশ্বাসের পথ ভেঙে আসি যখন পোস্টমর্টেম টেবিলে, শিউরে উঠে সবাই তখন আমার এই ভয়াবহ রূপটা দেখে। কাজল চোখে রক্ত আমার, শিহরিত করে সবারে, গালে আঁচড় ঠোঁটে কামড় মা-বাবারে করে বিচলিত। ক্ষমা নয় ক্ষমা নয় এ জঘন্য অপরাধের। বিচার করতে হবেই হবে এই বিকৃত মানসিকতার।

মনীষা কর বাগচী

লজ্জা, ভীষণ লজ্জা

সঙ্গমে সুখ
ধর্ষণে ? অকল্পনীয় সুখ
কি অমানুষিক সুখ! বোঝানো যাবে না...

একটা মাংস পিন্ড বৈ আর তো কিছু নয়!
কামড়ে মুচড়ে চেটেপুটে খাওয়া
পৈশাচিক উল্লাসে উন্মত্ত হওয়া
হাঁড় ভাঙার শব্দে কাঁপবে ধরিত্রী
রক্ত গঙ্গায় হবে স্নান
চিৎকারে ফাটবে আকাশ
শ্বাসনালী দিয়ে ঝরবে ঝর্ণা
তবেই না তৃপ্তি ?

হাততালি দাও,জিতে গেছ।
কেউ দেখেনি, কেউ না।
দেখলেও কেউ কিচ্ছু বলবে না
রাজনীতি ভাই রাজনীতি
ভয় নেই
একদিন মিটিং মিছিলও বন্ধ হবে
ভুলে যাবে মানুষ।

শুধু মা কাঁদবে, রক্ত ঝরাবে বাবা
পাঁজরের হাড়গুলো জুড়বেনা আর কোনোদিন।
আর কোনো মা ডাক্তার বানাবে না মেয়েকে
৩৬ ঘন্টা ডিউটি করতে পাঠাবে না বাবা
দিন রাত হাঁড় ভাঙা পরিশ্রম করবে না
কোনো মেয়ে ডাক্তার হওয়ার জন্য।

সমাজ বাঁচাতে গিয়ে নিজে কেন মরবে এমন কুৎসিত মরন?

চারিদিকে ফিসফাস
কে যেন কাঁদছে, কারা যেন কাঁদছে
মা মা করে কাঁদছে
ঘুমোতে পারছি না
    পারছি না ঘুমোতে
কিছুতেই স্বস্তি পাচ্ছিনা!

কেমন করে পারিস রে ?
এমন নির্যাতন? এমন?
তোদের জন্মও তো কোনো এক নারী দিয়েছিল
তুই তোর মাকে ধর্ষণ করলি
সম্পূর্ণ নারী সমাজকে রক্তাক্ত করলি! ছিঃ
লজ্জা, ভীষণ লজ্জা

এদের জন্ম আমরাই দিই...

সুতপা ঘোষ দস্তিদার
কী লিখি আজ

দেহলিজ,
কী লিখি আজ পৃষ্ঠায় তোমার ?
চেতনায় অন্তর্লীন বাক প্রতিমা বাণীহারা,
কলমের সুষুম্নায় প্রবাহিত কালি যন্ত্রণায় জমাট বাঁধা

গুমরে গুমরে বলে, বিচারের বাণী যতদিন
অপরাধীর প্রতি শাস্তি ঘোষণায় পরাধীন
ততদিন সে দ্রব হ'য়ে সাদা পাতায়
পারে না মুখ দেখাতে কাব্যের ভাষায়।
লাখে লাখে কন্দ রোপিত হবে টিউলিপের,
খবরে প্রকাশ
রাজধানীর মাটি, বলো, তুমি কি পারো
এমতাবস্থায় ফুটিয়ে তুলতে টিউলিপের আলো ?
মাটি, তুমি কি পারো না হতে প্রতিবাদী ?

আরো কিছুদিন নিষ্ফলা তুমি
পারো না কি হতে হরতালে সামিল ?
আকাশে চাপ চাপ মেঘেরা দানা বাঁধে
প্রতিবাদে ।

থমকানো হাওয়া মাঝে মাঝে নাড়া দেয় মেঘে,
আকাশের কান্না মনে হয় নেমে আসে
বৃষ্টি হ'য়ে।
পৃথিবীর বুকে হতাশ শুয়ে ভারতের মানচিত্র ...
ভীত ঊরুদ্বয় সংঘবদ্ধ
দু'পাশে ছড়ানো নিরাশার মুঠো,
সূর্য কি লজ্জায় লুকিয়েছে তাই

মুখ কিছুদিন ধরে ?
অমাবস্যার আড়াল ঠেলে বেরিয়ে এসে
অপরাধ করে ব'লে মনে হয় চাঁদ
একটু একটু ক'রে পূর্ণ হতে চেয়ে বারবার !
মৃত মানুষের ফ্যাকাশে মুখের মত
সভ্যতা আছে শুধু চেয়ে
যদিও প্রাণ নেই সে দৃষ্টিতে ...
দেহলিজ, হায়! কী লিখি আজ

সাদা পৃষ্ঠাতে আমার ?
কলমে কলমে গর্জে উঠুক অভয়া-
নির্ভয়ার বেঁচে থাকার অঙ্গীকার।।

সুচরিতা চক্রবর্তী

শারদে বারুদে

নয়'ই আগস্ট দুহাজার চব্বিশ
ঠিক আর পাঁচদিন পরে
ভারতের স্বাধীনতার পতাকা উড়বে পতপত করে।
ডাক্তার কন্যাটির চোখের ঘুমের সাথে
ছিঁড়ে ফেলা হলো পোশাক, অঙ্গ-প্রত্যঙ্গ।
সহপাঠী -বন্ধু -ঊর্ধ্বতন কর্মকর্তা থেকে সিকিউরিটি গার্ড
 ধর্ষণ ঘরের দেওয়াল সব জানতো তাই তাকেও ভেঙে
কানের পাশে ফুল গোঁজা মেয়েটি হাসছে,
চোখ থেকে গড়িয়ে আসছে রক্ত
এতো রক্ত! পৃথিবীর প্রতি নারী পুরুষের গলায় এলো প্রতিবাদ।
ভারতবর্ষের কোনো মহাকাব্যে এমন নির্যাতন ছিলো না
যা সহ্য করে মরে গেলো আমাদের তিলোত্তমা।
ক্রমশ আশ্বিন, আশ্বাস মেলে নি এখনো---
শিশিরে শিশিরে বারুদ,
নবপত্রিকার অঙ্গিকার জাস্টিস ফর আর জি কর।

বিশ্বেশ্বর ভট্টাচার্য

আর জি কর মেডিকেল কলেজ

কোথাও একটা ভুল হচ্ছে
মারাত্মক ভুল
আর সেই ভুলটা ক্রমবর্ধমান।
একটি যুবতীর মুখ
সম্পূর্ণ অজানা অচেনা
তবুও মনের মধ্যে ঘুরপাক খায়
চোখে জল আনে।

কিন্তু এখন টিভির পর্দায়
খবরের কাগজে
সোশ্যাল মিডিয়ায় শুধু প্রতিবেদন
চলন্ত জলন্ত ছবি
আর ছবি।
অগণিত জনতা প্রতিবাদী জনতা

ক্রুদ্ধ মুখে স্লোগান
অন্যদিকে বিশাল পুলিশ বাহিনী
প্রস্তুত ভাল তলোয়ার নিয়ে।

এইসবের মাঝখানে
কোথায় যেন হারিয়ে যাচ্ছে ধীরে ধীরে
সেই অচেনা অজানা মুখটা।
বুক ফেটে কান্না আসে

কিন্তু কান্না তো প্রতিবাদ নয়
শুধু পাশে থাকা সমব্যথী হয়ে।

চঞ্চল ভট্টাচার্য

প্রতিবাদের কবিতা

মাসখানেক হয়ে গেছে,
কখনও ঝিলিক দিয়ে যাচ্ছে
আলোর রেখা, ঘোর কালো
ব্ল্যাক আউটের মধ্যে।
বিচার বিচার করে লাটে উঠেছে
আমাদের সব।
হাতে হাত রেখেছি আমরা
দল ভুলে, স্বার্থ ভুলে অনেক দিন পর।
আমরা কি ভুলে যাব সব?
এমন কেন হয়?
ঘরের মেয়ে মানুষ হতে গিয়ে
আর না ফেরার দেশে চলে গেলে
আন্দোলন তো চলতে থাকে,
কিন্তু মানুষ ফিরে আসে না।

ক্ষমতা, তুমি অতদূর প্রকাশিত?
সেই ব্যপ্তি কি খোদার আসন, ভগবানের
অবস্থানকেও গ্রাস করেছে?

রেখা নাথ

আলোকিত মানুষ

মানুষের কলঙ্ক নরপিশাচ পশুগুলোর
হিংস্র থাবায় ছিন্ন-ভিন্ন রক্তাক্ত
শরীর তিলোত্তমার। দু চোখ
বেয়ে ঝরেছে রক্ত তার। যন্ত্রণার শেষ সীমানা
থেকে উঠে আসা হৃদয় নিংড়ানো
আর্তনাদ আর জি করের অভ্যন্তর থেকে
বেরিয়ে, এখন আকাশে-বাতাসে, মানুষের
প্রাণে-প্রাণে বাজছে নিরন্তর!

মানুষের পরিষেবায় ব্যাপৃত
তিলোত্তমার এই নৃশংস হত্যায়
প্রতিবাদে মুখর মানুষ নেমেছে পথে
বিচার চাই, বিচার চাই।

স্বেরাচারী, কুকীর্তির শিরোমণি
যতই তুমি চোখ রাঙাও, হুমকি দাও
পথ রোধ করো লোহার ব্যারিকেড
দিয়ে, ততই মানুষের ঢল নামবে পথে।
মানুষের এই উত্তাল জনসমুদ্রে
তোমার অহংকারী,
স্বেরাচারী রাজদণ্ড ডুববে নিশ্চিত।
মানুষের এই জন-জোয়ার কে
প্রতিহত করে কার সাধ্য?

মানুষ আজ পাঞ্জরে পাঞ্জর ঘষে
জ্বেলেছে আলো হৃদয়ে।
আলোকিত মানুষ ভীত নয়
আলোকিত মানুষ নত নয়
রাজদণ্ডের সম্মুখে। লক্ষ্যে স্থির।
বিচার না পাওয়া পর্যন্ত
থামবে না মানুষের প্রতিবাদ ।

নন্দিতা সাহা

প্রাণ ভোমরা

চোখ। ফুলের পাপড়ির মতো নরম আমাদের চোখ দুটি। ঈশ্বর নিখুঁতভাবে তৈরী করেছেন এই চোখ সুন্দর পৃথিবী দেখবার জন্য। দুই চোখ দিয়ে দেখি আলো, আকাশ,বনানী সুন্দর ফুটফুটে মানুষ, সহজ সরল সম্পর্ক, দেখি স্নেহ শ্রদ্ধা সম্মান ভালোবাসা। আনন্দে দুই চোখের মনি আমাদের জ্বলজ্বল করে, খুশিতে হাসে, চঞ্চল হয়ে লম্ফঝম্প করে।

অথচ হঠাৎ এই দুই চোখ আজ স্তিমিত, নয়ন সরসীতে আতঙ্কের ছায়া, চিন্তায় নয়ন তারা দুটো স্থির। চোখের সামনে চাপ চাপ কালো অন্ধকার। একি শুরু হলো আমাদের সমাজে!! এমন সমাজ তো আমরা কোনদিন দেখতে চাইনি।।কেবল পাপ আর পাপ! ধর্ষণ! খুন! সবচাইতে দুঃখের, লজ্জার, পাপীরা বিন্দাস ঘুরে বেড়াচ্ছে নির্ভয়ে, নিশ্চিন্তে।

কেউ কি নেই তাদের শাস্তি দেবার??? নিশ্চয়ই আছে। যুগে যুগে নারী অপমানিত হয়েছে কিন্তু মানুষ চুপ করে থাকেনি। উঠে এসেছে কোন না কোন যোগ্য ব্যক্তি। সীতা হরণ! থেমে থাকে নি কেউ, এক ফোটা কাঠবিড়ালি পর্যন্ত ছুটে এসেছে।সেও চেয়েছে যুদ্ধ হোক,দোষী শাস্তি পাক। যুদ্ধ হলো শাস্তি হলো রাবণের। যুগের পরিবর্তন হলো। সব পঙ্কিলতা দূর করে আবার গড়ে উঠল স্বচ্ছ সুন্দর সমাজ।

দ্রৌপদীর বস্ত্রহরণের মতো লজ্জার ঘটনা ঘটলো। থেমে থাকে নি কেউ। আবার যুদ্ধ হল অপমানের প্রতিশোধ নিলো, দোষীদের মৃত্যু হল, আবার যুগের পরিবর্তন। সে ছিল ত্রেতা এবং দ্বাপর যুগ। কিন্তু এই কলি যুগে কি দোষীর শাস্তি হবে! বিচার পাবে ধর্ষিতা নারী যে মৃত্যুলোকে পাড়ি দিল শরীরে অসংখ্য আঘাতের চিহ্ন নিয়ে! দৃঢ়বিশ্বাস, নিশ্চয়ই পাবে। চিরকাল অশুভ শক্তির পরাজয় হয়েছে, হবে। দুই চোখে শোকের কালো ছায়া থাকলেও আজ চোখে জ্বলে উঠেছে ক্রোধের আগুন, আকাশ সমান ক্রোধ। এই আগুন নেভে না, নিভতে দেব না আমরা। এই মুহূর্তে কেবল মুখে কাপড় বেঁধে

নয়, আরও সোচ্চার হতে হবে আমাদের। দোষীদের ভেঙে তছনছ করে ধ্বংস করে ফেলতে হবে, এতোটুকু বীজ রাখা চলবে না।

এইপ্রসঙ্গে একটি কথা। আমি দেখেছি অনেকে কেবল পুরুষ জাতি পুরুষ জাতি বলে কটূক্তি করে চলেছে, আমি কিন্তু সহমত নই। আমি পুরুষ দের বেষ্টনীতে বড় হয়েছি, বাবা কাকা জ্যাঠা দাদা, এরা তো নমস্য। এরা তো পুরুষ। তাই পুরুষ নয় , অভয়া কান্ডে যারা জড়িয়ে আছে তাদের পিশাচ,দানব, রাক্ষস বলাই আমার মনে হয় ঠিক। গল্পে দৈত্য দানব ভূত পিশাচ অনেক পড়েছি। মনে হতো এসবই কল্পনা, কিন্তু এখন দেখছি এই দৈত্য দানব রাক্ষস সমাজে ঘুরে বেড়াচ্ছে, রাতের অন্ধকারে তারা মানুষের শরীর ছিঁড়ে ফালা ফালা করে, পৈশাচিক আনন্দে মেতে ওঠে । এই পিশাচ দানবের দলে নারীজাতি ও আছে বৈকি। এরাই পিশাচিনী, প্রেত্নী,রাক্ষসী।

রূপকথার গল্পে জলের তলায় লুক্কায়িত খাঁচায় পাখি র মধ্যেই রাক্ষসদের প্রাণ ভোমরা থাকতো। সেটিকে মারতে পারলেই নাকি সকল রাক্ষস জাতি ধ্বংস হত। সেই প্রাণ ভোমরা আমাদেরও খুঁজে বার করতে হবে, তবেই পাপের এবং পাপীর ধ্বংস।

মৃত্যুদণ্ড ছাড়া কোন দণ্ডই উপযুক্ত হতে পারেনা। এই সুন্দর পৃথিবীতে দৈত্য দানব সম এই মানুষদের বেঁচে থাকার অধিকার নেই।

আজ আমরা জেগে উঠেছি । ধনী গরিব জাতি ধর্ম নির্বিশেষে জেগে উঠেছে মানুষ।এই গর্জন থামবে না, অন্যায়ের বিরুদ্ধে গর্জন থামেনা। ইতিহাস সাক্ষী

রাজা কিংবা রানী প্রজার অভিভাবক, প্রজার রক্ষক। সেই অভিভাবক যদি রক্ষক হয়েও ভক্ষক হয় সেও কিন্তু ছাড় পাবে না এই শাস্তি থেকে। অর্থবল, পদাধিকার বল, বাহু বল চাতুরি জনরোষের সামনে মুখ থুবড়ে পড়বে। বারবার একই পাপের একই নৃসংশতার পুনরাবৃত্তি আর নয়।

প্রমাণ!!! এই কথাটি শুনলেই হাসি পায় বড্ড।আজও শুভ বুদ্ধির মানুষ আছে। তাদের একটি প্রখর ষষ্ঠ ইন্দ্রিয় আছে। সুবুদ্ধি সম্পন্ন সু চিন্তিত সৎ মানুষের এই

ষষ্ঠ ইন্দ্রিয় নির্ভেজাল সত্যিটাকে আঙুল দিয়ে দেখিয়ে দেয়। সেটি সবচাইতে বড় প্রমাণ।।

এই ষষ্ঠ ইন্দ্রিয়ের সামনে, তথাকথিত স্বাক্ষর কাগজ কলম বেঞ্চ দিনের পর দিন দুই পক্ষের প্রশ্ন সওয়াল জবাব নিরুত্তর হয়ে যায়, প্রহসনে পরিণত হয়। অন্যায় যে করে অন্যায় যে সহে তব ঘৃণা তারে যেন তৃণ সম দহে। এই খুন যে করেছে, ধর্ষণের মতো নেক্কারজনক অপরাধ পাপ যে করেছে, পাপী কে যে আড়াল করার চেষ্টা করছে, চুপ করে আছে তাদেরও কিন্তু শাস্তি প্রাপ্য। তারাও একই দোষে দোষী। তাদের জন্য বড় লজ্জা হয়, বড় করুণা হয়। সুন্দর পরিচ্ছন্ন জীবন ছেড়ে তারা নর্দমার কীটের মত আবর্জনায় মুখ গুঁজে আছে।

ধৃতরাষ্ট্রর স্নেহে অন্ধ এবং মাতা গান্ধারীর অন্ধ সেজে থাকবার কারণেই কৌরবদের পতন। ধৃতরাষ্ট্র স্নেহে অন্ধ না হয়ে, মাতা গান্ধারী যদি চোখ দুটো মেলে ছেলেদের কুকীর্তি দেখতেন, শাসন করতেন, তবে হয়ত শেষ রক্ষা হত। রাজা রানী প্রশাসন মন্ত্রী সৈন্য সামন্ত যেন সেই ভুলটা করবেন না। নইলে খুব শিগগিরই ক্রোধের আগুন কিন্তু মশাল হয়ে জ্বলে উঠবে, উঠতে বাধ্য হবে।

আশা রাখি বিচারের বাণী আর নীরবে নিভৃতে কাঁদবে না। বিচারব্যবস্থা সোচ্চার হবে, শাস্তি হবে পাপ এবং পাপীদের। সব পঙ্কিলতা মুছে সুন্দর যুগের শুরু হবে।

দুঃখ তিলোত্তমাকে আমরা পৃথিবীতে ধরে রাখতে পারলাম না। আমাদের মাথা তার সামনে ঝুঁকে যায়। বড় লজ্জা হয়। লজ্জা হয় আমাদের অব্যবস্থার জন্য। রাজা রানী, মন্ত্রী, সরকার প্রশাসন যদি শক্ত হতো,যদি তারা কেবল নিজেদেরকে ভালো না বেসে দেশ এবং জনগণ কেও ভালোবাসতো, তবে হয়তো তিলোত্তমা আজকের সূর্যোদয়, সুন্দর সকাল দেখতে পেত।

আবারো যদি বিচারের বাণী নীরবে নিভৃতে কাঁদে, ভয় কি!আছে তো জনগণ,জনগণের জন্য সরকার, জনগণ নিয়ে ই দেশ।

একশো মুষ্ঠি যখন এক হয়, সেটি বজ্র মুষ্ঠীতে পরিণত হয়। তার শক্তি, তার ক্ষমতা ইতিহাসে লেখা আছে।

নীলম শর্মা অংশু

(মূল হিন্দিভাষী কবিঃ রাজেশ্বর বশিষ্ঠ, অনুবাদে নীলম শর্মা অংশু)

তুমি কোথায় পিয়ালী ঘোষ ?

যখনই আমার কোনও বন্ধু
কোলকাতায় গিয়ে পৌঁছায়
কোন না কোনো অজুহাতে আমাকে
অবশ্যই জিজ্ঞেস করে তোমার ঠিকানা কি।
আমি এটাই বলি – পিয়ালী ঘোষের সাথে
ন্যাশনাল লাইব্রেরীর সিঁড়িতে
শেষ দেখা হয়ে ছিল ২০১৩ তে।

তোমার খোঁজে আমার বন্ধুরা
কয়েক বার ন্যাশনাল লাইব্রেরীও গিয়েছেন।
কিন্তু বড়-বড় চোখ ও রজতশুভ্র কেশবতী
পিয়ালী ঘোষের দেখা মেলে নি।
তাঁরা বামফ্রন্টের
আলীমুদ্দীন স্ট্রীটের দপ্তরে গিয়েও
তোমার কোনও খোঁজ পায়নি।

এক বন্ধু যে ইদানীং কোলকাতায় আছে
আজ সকালে ফোনে বলছিল –
তোমার বান্ধবীর ঠিকানা তুমি কেন দাও না ?
তোমার কবিতা পড়ে আমি
বাংলার বামফ্রন্টের ভোট প্রার্থীদের
পুরো লিস্ট ঘেঁটে ফেলেছি,
কিন্তু পাইনি।

সে যদি ভারতে থাকত তা হলে
দলের সক্রিয় কর্মী হয়েই থাকত
কোন না কোন ইলেকশন মিছিলে
তার দেখা হতে পারত।

তবু আমি বললাম –
সে কিউবা, উত্তর কোরিয়া, ভিয়েতনামে
বা হতে পারে লাওস বা চাইনাতে চলে গেছে।

তার প্রয়াত স্বামীর বাকী কাজ-কর্ম গুলো কে সেরে
ফেলতে কোনও নকশাল বহুল এলাকায়
হয়তো চলে গেছে।
এও হতে পারে যে তার স্বামীরই মতই হয় তো
কোন মোকাবিলায় মারা গেছে।

তুমি কেমন প্রেমিক ? বন্ধু ক্ষেপে যায়।
আমার স্মৃতি তে একটি শ্বেত-শ্যাম ফিল্ম ভেসে
ওঠে - আমি নিজেকে জিজ্ঞেস করি-
আমি কি কখনও পিয়ালী ঘোষকে
ভালবেসে ছিলাম ?

১৯৮৪ সালে তার সংগে
যখন প্রথম আলাপ হল
সে ছিল একজন সুদর্শন কন্যা,
যে প্রেসিডেন্সি কলেজে
পলিটিকাল সাইন্স ও সংগীত শিক্ষা
অর্জন করতে-করতে পারদর্শী হয়ে উঠেছিল।

সিপিএমের একটি গুরুত্বপূর্ণ কর্মী হিসাবে
সে ছিল জ্যোতি বাবুর প্রবল সমর্থক
সর্বহারার অধিকারের আন্দোলনে সক্রিয় ছিলো।

আর আমি কী ছিলাম ?
এক হোয়াইট কলার চাকুরে

একটি সুরক্ষিত প্রেমে আবদ্ধ
সামান্য একটা মানুষ।

তাকে ভালবাসবার আমার
কোনও নৈতিক অধিকার ছিল ?

ওকে একজন ভাল বান্ধবী বলা যায়
যার সব কিছুই আমাকে চমৎকৃত করত।

আমি কালান্তরে পিয়ালী ঘোষকে
ওভাবেই ভুলে যাই
যেমন একটি শিশু
ভুলে যায় মায়ের দুধের স্বাদ
কিন্তু কখনই ভোলে না মায়ের গন্ধ।

সেই দৃষ্টি যে তাকে শিখিয়ে ছিল
একটি সম্পর্ককে বোঝা
পিয়ালী ঘোষেকে দেখেছিলাম
একটি সম্পূর্ণ মানবী রূপে।

শুনেছিলাম পৃথিবীটা না কি গোল
আর সময় কখনও ফিরে আসে না।
কিন্তু আমার সামনে এক বলিষ্ঠ গ্রহের মত
২৯ বছর বাদে সেই সময় ফিরে এসেছিল।
পিয়ালী ঘোষ, একটি জল-পরির মত
আমার সামনে দাড়িয়েছিলো
ন্যাশনাল লাইব্রেরীর সিঁড়িতে।

বয়সের পরিপক্কতা ছাড়া কোনও
পরিবর্তন ঘটে নি তার।

আগের থেকে অনেক সুন্দরী
হয়ে গিয়েছিল সে,
তাঁর অভিজ্ঞতা ও জীবন-দৃষ্টি।

তাঁর মুখশ্রী কে করে তুলেছে আরও উজ্জ্বল।
সে হয়ে উঠেছিল মহাভারতের যুদ্ধের পরের
দ্রৌপদীর মত সব হারানো এক নারী।

যে সংঘর্ষ, খুন ও হত্যা কে
পরাজয় ছাড়া শালীনতাসহ স্বীকার করে ছিল।

পিয়ালী ঘোষের অদ্ভুত
পরিবর্তনের সামনে ছিল
আমার ভৌতিক সুখ-সম্পদ সামান্য আলো,
যা প্রতিক্ষণে আমাকে
পরাজয়ের উপলব্ধি করায়।

তার সাহস ও সংঘর্ষের আলো ছিল যা
একসময় সূর্যের মত আমার চোখ ধাঁধিয়েছে
আমি তার যে কোনও আমন্ত্রণ কে
কি ভাবে স্বীকার করি।

সুনেত্রা,
তুমি এই ক্লান্ত আর পরাজিত মানুষের
কঠিন অহংকার কে ভাল করেই চেনো।

বলো, তা না তাহলে আমি পিয়ালী ঘোষের
ঠিকানা টিকে যত্নসহকারে
আমার কেন পকেটে রাখতাম?

প্রশান্ত গুহমজুমদার

শব্দ

থেকে যাওয়ার ওপারে আছে। দৃষ্টি চলে না। সেইখানে হাঁটাহাঁটি হয়, বস্তুত প্রভূত
পানীয় হাঁটে, মস্করা। ফিনকে ওঠে, রক্ত আর মাংসজনিত ভালোবাসা। চোখ
ভাসে, ছিন্ন, কেমন ভেসে যায় রক্তে, অবিশ্বাসে, জলে! দাঁতে মাংস। রাত্রি এমন!
মধুসূদনদাদাকে দেখি তুলসীবনে। সে নাচিতেছে। রাধে রাধে। ত্রিভুজ। রম্বস।
আলো নাই। বলসব ফিরিয়া ফিরিয়া। গোটা মানুষকে ভেঙে দেওয়া কম কথা!
গন্ধ আসে, পোড়া কাগজ ও সুকৃতি। নাচে মৃত্যু। ক্রমে ভাঙে পথ, আয়তক্ষেত্র।
অপার আর আগুন। থেকে যাওয়ার ওপারে। শব্দেরা ক্রমে তথাপি শব্দ।
পথজোড়া নিরন্তর পারাবতে, কলরবে। বৃষ্টিতে।

শিবু মণ্ডল

বিচার হবে কি ধর্মাবতার?

আমাদের মেয়েটার সাথে কী হয়েছে জানি
তাঁর বিচারের কী হবে জানি না
ঘণ্টা বাজছে দ্রোহকালের
সামনে দেবতা প্রসাদ নিয়ে বসে
এক হাতেরও কম দূরত্বে –
গণতন্ত্রের প্রহরী ও এক গণতন্ত্র-হত্যাকারী!
ঘণ্টা বাজছে বিপদ ও ভয়ের
ক্রমশ কাছে আসছে কি তারা পরস্পর?

বিচার হবে কি ধর্মাবতার? – কার কাছে যাবো আমরা–
আমাদের ধৈর্যের বাঁধ ভেঙে যাচ্ছে ভীষণ কালো স্রোতে!

অনিন্দিতা গুড়িয়া
হুঁশিয়ার

পুরুষের ওই চোখ রাঙানিকে
মোরা মানি না মানবো না
মোদের ও দুখানা আছে চোখ
পুরুষের কি তা অজানা!

সমাজের ভয়ে পিছবনা মোরা
সমাজ মোদের ও নিয়ে,
যতটুকু দেয় পুরুষ এ ভবে
আমরাও যাই দিয়ে।

পুরুষেরা বোনে ধ্বংসের বীজ
আমরা সৃজন করি
পুরুষেরা বলে – সৃজিয়াছে তারা
আহা লাজে মরি মরি!

দুঃশ্বাসনেরা চিরটা কালকি
সমাজে চালাবে শাসন?
চিরটা কাল কি নারী দেহ হতে,
খুলিয়া লইবে বসন!

সেজেছে দ্রৌপদী নব রণ সাজে
ঝলসিতা অসি হাতে
পর্দার পিছে নয়কো বন্দী
জয় তাজ তার মাথে।

পুরুষ শাসিত সমাজের নারী
করবেই প্রতিকার,
তাইতো রমনী রনরঙ্গিনী
খাপ খোলা তলোয়ার।

পুরুষ তোমার শোষণের দিন
হয়ে এলো অবসান,
নারীরা রচবে নতুন সমাজ
সাবধান! সাবধান!

পৃথা দাস

দ্রোহকাল

সে ছিল পদ্মসম্ভবার হিপোক্রেটাস শপথ
আকাশ ভরে গিয়েছিল মুক্ত আলোয়
সাদা অ্যাপ্রণের, স্টেথোস্কোপে ছিল মানবিকতা
সেবা নিয়ে একাগ্র মন., চমকে উঠেছিল -- জানত না
বিদ্যুত ঝলসানো গোপন পাপের তীক্ষ্ণ ছুরি , লালসা
ভয় দেখাল , পদ্মসম্ভবা ভয় পায় নি -- পিছিয়ে যায় নি
নির্মম অন্ধকারে বন্দি , লাঞ্ছিতা, ধর্ষিতা , হত পদ্মসম্ভবা
তবু রেখে গেছে শেষ আর্তনাদে প্রতিবাদের স্বর।
এসো পথে নামি হাতে হাত রেখে
তৈরি করি মানব শৃঙ্খল ,
জ্বালাই প্রতিবাদের. মশাল ---
এ অগ্নিশিখা বিচার চায় ,
জনতার দাবি , জীবনের দাবি , মানুষের দাবি
এসো অযূত কণ্ঠে করি প্রতিবাদ,
আমরা বিচার চাই --- না হলে
মানুষ আর মানুষ থাকে না ।।

অমিত গোস্বামী

পুজো প্রার্থণা

ঘুম ভেঙে আজ রোদ-সকাল আকাশ জুড়ে শরৎকাল
দুর্গা মায়ের আগমনী, তাও
এমন দিনেও মন বিষাদ কারণটা নয় উহ্য থাক
মাগো, আমায় সোনার বাংলা দাও

তোমায় কিছু বলতে চাই অকারণে ফোন ঘোরাই
বাজছে না রিং খারাপ কি ফোনটাও
ওলোট পালোট পাগলমন দুঃখ ঘোরে সারাক্ষণ
মাগো, আমায় সোনার বাংলা দাও

ঘৃণার পাহাড় বুক জুড়ে রাগের প্রকাশ মুখ ফুঁড়ে
স্লোগান ভিড়ে গাইছি বেলা চাও
ফোন বেজেছে তোমার স্বর স্বপ্নদেশের তেপান্তর
মাগো, আমায় সোনার বাংলা দাও

ভাবনা সবার সব কি ভুল ? বাগান ভরা শিউলিফুল
বিফল হবে সকল অপেক্ষাও
ঘুম ভেঙেছে সবার আজ পথ জুড়ে আজ কুচকাওয়াজ
মাগো, আমায় সোনার বাংলা দাও

শম্পা বসুরায়

শক্তি

যন্ত্রনার বারান্দায় পিশাচের উৎসব হচ্ছে! হোক,
নির্মম সঙ্গমর্মরের বেসিনে রক্ত ধুয়ে যাচ্ছে! যাক,
গর্তের পোকারা প্রাগৈতিহাসিক ফ্যানে
ঝুলিয়ে দিক শিউলিরঙা শাড়ির আঁচল
কাশের সাদায় লেগে থাকুক রক্তের ফোঁটা
টেস্টোস্টেরনের তাড়নায় বার বার শ্বাপদের চোখ
জ্বলে উঠুক অন্ধকারে, শীতাতপ নিয়ন্ত্রিত গুহায়,

শুধু এবারের পুজোয়
আমায় একটা পেলভিক বোন এনে দাও–
আমি ভেঙে দেখবো
ঠিক কতটা জোর লাগে।

সুজিত কুমার চট্টোপাধ্যায়

ন্যায় বিচার

প্রতিবাদ চলছে চলবে
তদন্ত চলছে চলবে
আদালত চলছে চলবে
প্রশাসন চুপচাপ
তদন্তকারী চুপচাপ
জনতা চুপচাপ দেখছে।

সমাধান সকলেই খুঁজছে।
দিন গেল মাস গেলো
কুহেলিকায় রহস্য আচ্ছন্ন
মনে হয় এ যেন এক বৃহৎ বড়যন্ত্র।
খবরের কাগজে, টিভি
(আর সোশাল মিডিয়ায়)
নিত্য নতুন খবর ও তথ্য
মুখরোচক পথ্য
রাজনৈতিক নেতারা এসে
নেমে পড়েছেন আসরে
পারস্পরিক বিরোধী সংলাপে
বিকশিত তাদের মহত্ত্ব।

সবাই দেশপ্রেমী, নারী প্রেমী
নিজের প্রচারে ব্যস্ত।
হাতে   নিয়ে   পতাকা,   মশাল
মোমবাতি
সবার স্লোগান 'বিচার চাই'
অভয়ার আত্মা বলে
"কবে হবে

সমাজের মানসিকতার পরিবর্তন?
কবে শেষ হবে
নারী জাতির আর্তনাদ, নির্যাতন ও
ক্রন্দন?
কবে শেষ হবে এই প্রহসন,
শেষ হবে
সকল দুঃখের অবসান,
সমস্যার সমাধান!"?

দেহলিজের প্রতিবাদ
বাঙালির চরম অবক্ষয় ও পশ্চিমবঙ্গ

কলকাতার আরজি কর মেডিক্যাল কলেজ ও হাসপাতালের সাম্প্রতিক মর্মান্তিক ঘটনাটি শুধু পশ্চিমবঙ্গের নয়, সারা ভারতের মানুষের বিবেককে গভীরভাবে নাড়া দিয়েছে। একজন তরুণ ডাক্তারের নৃশংস ধর্ষণ এবং হত্যা সরকার এবং পুলিশ উভয়ের প্রতিক্রিয়ায় গুরুতর ত্রুটি তুলে ধরেছে, যৌন সহিংসতার শিকারদের নিরাপত্তা এবং ন্যায়বিচার সম্পর্কে জরুরী প্রশ্ন তুলেছে।

বর্তমান পরিস্থিতি

পশ্চিমবঙ্গে যৌন সহিংসতার ঘটনা উদ্বেগজনকভাবে বৃদ্ধি পেয়েছে। আরজি কার ঘটনাটি পদ্ধতিগত ব্যর্থতার একটি প্রকট উদাহরণ যা এই ধরনের অপরাধ ঘটতে দেয় এবং শাস্তিহীন থেকে যায়। তদন্তের ভুল ব্যবস্থাপনার জন্য পশ্চিমবঙ্গ সরকারকে সুপ্রিম কোর্টের তিরস্কার পরিস্থিতিতে বোঝা যায়, সেই সরকার কতোটা প্রশাসনে ব্যর্থ।

সরকার ও পুলিশের গাফিলতি

ফার্স্ট ইনফরমেশন রিপোর্ট (এফআইআর) দাখিল করতে বিলম্ব এবং আরজি কর মেডিকেল কলেজে অপরাধের দৃশ্যের অব্যবস্থাপনা হল অবহেলার উজ্জ্বল উদাহরণ। এই ধরনের ত্রুটি শুধুমাত্র ন্যায়বিচারকে বাধাগ্রস্ত করে না বরং অপরাধীদের উৎসাহিত করে। সময়োপযোগী পদক্ষেপের অভাব এবং অপরাধের দৃশ্য রক্ষায় ব্যর্থতা কর্তৃপক্ষের যোগ্যতা এবং প্রতিশ্রুতি নিয়ে গুরুতর উদ্বেগ তৈরি করেছে।

উপসংহার

আরজি কর ঘটনাটি সামনে থাকা কাজের একটি ভয়াবহ ঘটনা । বর্তমান সরকারের কর্মচারী ও মন্ত্রীদের কেউ এই কাণ্ডে যুক্ত কিনা সেটা সিবিআই অবশ্যই দেখবেন । প্রতিটি নাগরিকের দায়িত্ব যেভাবে সম্ভব প্রতিবাদ করা এবং প্রতিরোধ করা , যথা সময়ে নানান প্রমাণ সাক্ষ্য প্রদান করা । প্রশাসন ও বিচার বিভাগের উপর ক্রমাগত চাপ রেখে আমরা এমন একটি সমাজের দিকে কাজ করতে পারি যেখানে ন্যায়বিচার দ্রুত এবং প্রত্যেক ব্যক্তির নিরাপত্তা নিশ্চিত করা হয়।

জাস্টিস ডিলেইড, জাস্টিস ডিনাইড ।